U0111590

大展好書　好書大展
品嘗好書　冠群可期

大展好書　好書大展
品嘗好書　冠群可期

武學釋典
53

李慶榮　編著

楊澄甫

《太極拳體用全書》釋疑

大展出版社有限公司

國家圖書館出版品預行編目資料

楊澄甫《太極拳體用全書》釋疑／李慶榮　編著——初版
——臺北市，大展出版社有限公司，2021 [民110.09]
　面；21公分——（武學釋典；53）
　ISBN 978-986-346-339-9　（平裝）
　1.太極拳
528.972　　　　　　　　　　　　　　110011031

楊澄甫《太極拳體用全書》釋疑

編 著 者／李　慶　榮

責任編輯／王　新　月

發 行 人／蔡　森　明

出 版 者／大展出版社有限公司

社　　　址／台北市北投區（石牌）致遠一路2段12巷1號

電　　　話／(02) 28236031・28236033・28233123

傳　　　真／(02) 28272069

郵政劃撥／01669551

網　　　址／www.dah-jaan.com.tw

E-mail／service@dah-jaan.com.tw

登 記 證／局版臺業字第2171號

承 印 者／傳興印刷有限公司

裝　　　訂／佳昇興業有限公司

排 版 者／千兵企業有限公司

授 權 者／人民體育出版社

初版1刷／2021年（民110年）9月

定　價／280元

作者簡介

李慶榮，1934年生，浙江鎮海人。畢業於上海工業大學機械系，1953年起，任職於第一機械工業部第九設計院；1960年起，任職於中國科學院華東計算技術研究所；高級工程師。

職業技術為精密及重型機械製造研究、設計，對材料力學、靜力學、運動力學、流體力學、彈性力學有所瞭解。所從事的專業對太極運動原理內涵

及其能量傳遞緣由的理解，有莫大幫助。

　　1963年，師從傅鍾文先生學85式楊澄甫太極拳。此後，近50年持續習練，遵師教導，練拳纏絲，綿綿不斷，時刻不離「楊澄甫拳照」。

　　在隨後教拳、習練過程中，深入研究《太極拳使用法》《太極拳體用全書》《楊式太極拳》等著作，對其中語言文字描述的內涵遵循揣摩，以達盡可能少走樣地繼承「楊澄甫師公定架的太極拳」

序

楊宗杰

　　楊澄甫《太極拳體用全書》受到了質疑，準確地說，應是《太極拳體用全書》個別地方的文字表述是否有誤受到質疑。這也難怪，因為《太極拳體用全書》畢竟不是楊澄甫本人所親筆；退一步說，即便是楊澄甫本人所親筆，也未必就是板上釘釘，所謂「術業有專攻」，一代宗師楊澄甫，其功力也原非在筆墨之間。

　　後人讀《太極拳體用全書》，擋不住會對其中的一些文字表述產生質疑，如此說來倒也無可厚非。然而《太極拳體用全書》畢竟非一般著作可比，楊澄甫固非常人，其執筆者鄭曼青也遠非常人。故對此書提出質疑，當然會引起對「質疑」的「質疑」——這就是本書的成因。

　　本書的作者是一位很嚴謹的太極拳習練者，因其工程師的專業背景，對任何事情都講究個認

真，不會輕易放過，因此更應該稱得上是一位嚴謹的太極拳研究者。他認真疏理了對《太極拳體用全書》的各種質疑，一是自己把質疑和原著做了精細對比，逐字逐句加以分析，二是還尋出其他代表性觀點和著作進行比較，這樣就形成了本書的「釋疑」。

不是經典，就不會被廣泛深入閱讀；不被廣泛深入閱讀，就不會產生「質疑」；不是「質疑」，就不會有對「質疑」的「釋疑」。

「釋疑」是句號嗎？「釋疑」是提供了一種新的視角，新的研讀《太極拳體用全書》的途徑和方法。我相信，此「釋疑」會引起廣大愛好者更大的精讀原版《太極拳體用全書》的興趣，從而帶動太極拳理論水準的進一步提升；理論自然離不開實踐，這樣的「咬文嚼字」，必須緊扣動作的一招一式進行驗證，否則如看「天書」。如此則會更加促進對太極拳一招一式的精確參悟和把握，從而推動太極拳拳藝水準的整體提高。這才是問題的關鍵，也才是本書的核心價值所在。

（注：本文者係邯鄲市體育局太極拳辦公室負責人，永年太極拳聯誼總會秘書長，原永年太極雜誌總編，邯鄲學院客座教授，廣府太極國術館館長。）

前 言

　　《太極拳體用全書》是楊澄甫太極拳最終定型稿，是楊澄甫先生親自審訂的著作。自從李雅軒先生在《太極拳體用全書》的例言前，眉批說有誤之後，也有人提出《太極拳體用全書》多處有誤，直至今日尤有如此之說。

　　誠然，《太極拳體用全書》並非完美無缺，由於當時歷史條件所限，人工檢字排版，拍照籌畫不易，遺留下某些歷史性誤植和錯誤，我們不能增值否定《太極拳體用全書》的整體準確性，作為楊式太極拳的圭臬，它是當之無愧的，是楊澄甫給我們留下的寶貴拳術文化財富。

　　絕大多數質疑點，是因為我們後學者未能仔細深入探究、實踐揣摩，體悟未達其境所致。我確信楊公《太極拳體用全書》的語言文字是精準的，可為力學實踐所證實。

　　1931年，文光印務館出版楊公澄甫著《太極

拳使用法》；1934年2月，上海大東書局出版楊公澄甫著《太極拳體用全書》。這些著作是由董英傑、鄭曼青等代筆成書的。有人就此垂詢了最瞭解楊家太極拳情況的傅鍾文老師和沈壽老師。

沈壽老師說：「很難想像在尊師重道的時代裡，出版楊老師署名的《太極拳使用法》和《太極拳體用全書》，而又不符合署名者本意的文章和書刊。」

傅鍾文老師說：「這些書都是楊老師健在時出版的。雖是董英傑、鄭曼青等代為筆述成書，但以楊老師口授內容為基礎，是楊老師過了目、首肯的。當時亦未見有何異議。為什麼當時不說，現在說三道四，冒出這樣那樣的說法？！楊老師何以假手董英傑先生及『習拳未久』的鄭曼青代筆著述太極拳著作，不僅僅是因為他們學歷高，而是他們能尊師重道，不自以為是。楊家的師承要求是非常嚴格的，楊老師生前很不滿他的學生隨便改拳。由此可見，這些著作都是忠實楊公澄甫本意的。」

為此，我對《太極拳體用全書》的質疑，作一收集羅列，給以推敲解惑釋疑，看看是否真有道理，供拳友們參考。

目　錄

質疑一

起　勢

《太極拳體用全書》
第1頁——

「此為太極拳預備
動作之姿勢。立定時，頭
宜正直，意含頂勁，眼向
前平視，含胸拔背，不可
前俯後仰，沉肩垂肘，兩
手指向前，掌心向下，鬆
腰胯，兩足直踏。平行分
開，距離與肩相齊。尤

圖1　起勢

要精神內固，氣沉丹田，一任自然，不可牽強。守
我之靜，以待人之動，則內外合一，體用兼全，人
皆於此勢易為忽略，殊不知，練法用法，俱根本於
此」。（圖1）

其中，「此為太極拳預備動作之姿勢」寫錯

了，應該是太極拳起勢結束狀態；更說「兩足直踏」肯定了雙重，也錯了。

【解惑釋疑】

我們應注意，楊公述說的是「迎敵預備動作過程」而不是起勢「結束狀態」。

請注意過程是：「頭宜正直；意含頂勁；含胸拔背；沉肩墜肘；鬆腰胯；兩足直踏；精神內固；氣沉丹田；一任自然；靜以待人。」這都是迎敵的預備過程，當然也包括了「起勢」的結束狀態。

楊公是在解釋說：太極拳「起勢」，就是太極拳「預備動作之姿勢」。也就是說「起勢」的整個過程就是「太極拳開始的預備動作」。預備動作有一個長度，包括了「頭宜正直；意含頂勁；含胸拔背；沉肩墜肘；鬆腰胯；兩足直踏；精神內固；氣沉丹田；一任自然；靜以待人」的整個過程。

這樣就好理解了吧。簡言之，「起勢」是一個過程，不只是一種狀態。

特別要注意，「兩足直踏」實際意義見「十字手」演練中楊公的描述：「全身坐在左腳，右腳即提起，向左收回半步，兩腳直踏，『如起勢』。」請看楊公說的是「全身坐在左腳」，右腳是虛提

的，因而起勢中的「兩腳直踏」不是雙重。這表示太極拳運動，從「起勢」開始經「十字手」到「合太極式」（即「收勢」）都不處於雙重狀態（一直處於「偏沉則隨」的虛實變化動態過程）。

【動作演練】

由無極預備式。面朝南，身體自然站立，兩臂自然下垂，中指對褲縫，呼吸自然，膝肘自然微屈，精神自然提起，虛領含胸，形神炯炯。

設對手此時以拳或掌正面向我胸脅部進擊，我兩臂迅即迎擋，微下沉急轉內旋上提，兩掌平直內合，均朝內側45°互成正交。肘微屈，掌不高於肩。我重心微前移，使對手進擊作用力線落於我腳跟之前，而能自穩，且可掌指虎口上震或直擊，以化發其臂，使其翻仰跌出；或以掌指直擊對手胸脅，迫其退離。

若對手退讓後復趁勢進拳擊我前胸，我兩掌迅即繼續內旋下沉化解對手來拳而不回抽，即邊按邊往下坐腕擺沉；或向後移步，不屈不蹲，引對手臂前衝倒伏，我自巍然屹立。這可從楊公起勢拳照為證。兩臂不屈而坐腕，身體直立而不蹲。

直至立定時，頭宜正直，意含頂勁，含胸拔

背，眼觀對手，不可前俯後仰。沉肩垂肘，兩手指向前，掌心向下坐腕，鬆腰胯，兩足直踏，左實右虛，不是雙重。傅鍾文老師親授時曾說：「從開始至結束、中途沒有雙重。」（圖2）

【練拳誤區】

現今練拳往往兩臂上提前送，沒有綿綿不斷的內旋運動，且手臂過直，肘未微屈；至兩掌與肩同高時，手背朝上，成為仰肘狀態；在下沉雙掌時，不繼續內旋坐腕沉掌，且屈臂回抽，易被對手向前進擊而後倒；起勢結束坐腕立定時還易形成雙重，即不是左腳實、右腳虛。均為不妥，可參見《太極拳體用全書》第15頁「十字手」中文字描述「全身坐在左腳，右腳即提起，向左收回半步，兩腳直踏，如起勢」。

①起勢首　　　②起掤　　　③起送

④起止　　⑤沉按　　⑥沉收　　⑦起勢尾

圖2　動作演示

質疑二

攬雀尾左

圖3　攬雀尾左掤

《太極拳體用全書》
第2頁——

「由起勢，設敵人對面用左手擊我胸部，我將右足即向右側分開坐實，隨起左足往前踏出一步，屈膝坐實後腿伸直，遂為左實右虛，同時將左手提起至胸前，手心向內，肘尖略垂，即以我之腕貼在彼之肘腕中間，用橫勁向前往上掤去，不可露呆板平直之像，則彼之力為我移動，彼之部位亦自不穩矣」。（圖3）

其中，設敵人對面用「左手」擊我胸部應為用「右手」。否則，下一動擒敵左臂掤發就不順。

【解惑釋疑】

應注意原始狀態是，「起勢」與對手是面對面相持，只當對手用左手擊我右胸才引起我下一動右轉身「左掤」應對；若對手用右手擊我左胸，就不能有下一動右轉身「左掤」應對的接續了。

所以說，應因時因勢制宜。因而，只要我們仔細推敲，親身實踐操作試驗就能體會到楊澄甫的語言文字是正確的，千萬不要輕易否定。楊澄甫強調，練拳要懂使用法。

【動作演練】

由起勢。設對手向我右側正面用左手拳擊，我即以右腳跟為軸右轉，屈膝微蹲，腰帶右臂掌外旋隨轉體自下經腹前而上，在右胸前向右側掤對手的左臂腕，再向裡、向左，抹轉一小圈（這是傅鍾文老師特別強調的），掌心朝下採扣對手臂腕的同時，我左臂外旋插入其臂下，兩手成抱球狀。同時，我右腳轉過90°朝西下蹲，重心全落於右腳，左腳跟進，虛點在右腳踝左後旁。此時，我自重壓扣在對手左臂身之上，使其前傾而不得脫。

接著，對手欲收臂後走，我右腿繼續下蹲，

左腳向左前虛送邁出一步，即以右腿下坐，虛步「送」左腿，腳跟落地，以左腳套鉤對手腿，成右實左虛步。隨即，我右臂掌前下採對手的左臂腕，左臂腕側上掤，對拔發勁向其左胸脅部擊去。即左臂上掤擊對手左側胸肋，右掌向前，下採其左臂腕，掌心朝下，坐腕。做到「其根在腳，發於腿，主宰於腰，形於手指，由腳而腿而腰，總須完整一氣」地發放勁能達於對手身體，而成左側弓步，朝向西南。

此時，為避我左掤重擊其左腰脅，對手必速進步拉近距離向我靠擊，我即順勢轉為左挒手，使對手側後翻到摔跌。我此時為左側弓步，不易後倒，且可轉腰發勁。（圖4）

【練拳誤區】

現今練拳往往兩臂先朝南擠出，而後左臂掌不動，右臂掌向右展開，兩腳成平開步，而不是左側弓步，自我都站立不穩，又違反一動無有不動拳理。對手若前靠，我自仰倒，極不合拳理。

與《太極拳體用全書》第2頁中楊澄甫拳照不相符。楊公拳照為：「左掤臂高，右下採掌低：左掤臂在後，右下採掌在前。」這是左側弓步。

①起勢坐腕　　②右轉上掤　　③右轉扣沉

④進跟步套抱　　⑤左弓步發勁　　⑥左掤

圖4　動作演示

質疑三

攬雀尾右掤

圖5　攬雀尾右掤

《太極拳體用全書》
第3頁——

「由前式，設敵人用左手擊我側肋部，我即將右足向右前正面踏出，屈膝踏實，左腳變虛，身亦同時向右面轉，眼隨往平看，右左手同時圓轉，往右前出動，右手在前，手心側向裡，左手在後，手心側向內」。（圖5）

其中，「敵人用左手擊我……右左手同時圓轉……右前出動」。敘述過於簡單。

【解惑釋疑】

當我左側弓步左掤，未使對手受擊。對手後化

退走後，復自西進步用右拳向我胸前進擊。我速將左掤掌內旋，掌心翻下向後往下收摟下切側化對手右直拳。而對手會續施左拳進擊我右胸腰，我即將原下採之右手外旋上掤轉內旋回抄對手左臂，使其左臂與自己右臂合絞在一起。我右手掌翻上，與左掌貼合，右足左收一步；同時，我重心移於左腳為支撐，速使右腿向西虛進，借全身自重向前壓掤。無須專注，勁能自來。

　　注意，腕高不過肩，肘略低於腕。當右虛腳落地時即自動限位，成朝西的右弓步，不會因對手後退而失勢前衝，既穩又不費勁，無過無不及。（圖6）

①左掤　　　②切化左移

③右套回收　　④十字合封　　⑤右掤

圖6　動作演示

【練拳誤區】

現今練拳往往右掤朝前出現肘腕同高，成為仰肘狀態；腕高過肩，更不利前掤；前掤時右腳不虛，以臂力硬頂，均不合拳理。

不知利用自身重力矩產生向前的壓掤勁，即不知用左後腳撐住，虛右腳前壓，助兩臂產生極大的前掤勁；更有把前掤練成上掤，兩臂高高抬起高過於肩。均為不妥。

質疑四

攔雀尾挒法

《太極拳體用全書》第3頁——

「由前式，轉至右手心向下，左手心向上時，速將我右肘腕間，側貼彼肘節上，側仰左腕，以腕背黏彼之腕背臂上，向左外側，全身坐在左腿，左腳實，右腳虛。此時敵欲進攻，我即內向胸前，右側挒來則彼之跟力拔起，身亦隨之傾斜矣」。（圖7）

圖7　攔雀尾挒法

其中，「右側挒來」的「右側」應為「左側」。

【解惑釋疑】

注意，「設敵人用左手擊我側肋部」，我原來

的雙手前掤馬上往左挒，是根本黏不到對手的左手臂，只有我兩手下沉往右套出對手左臂外，復上提以我肘腕黏住其左臂肘腕，才有可能牽引其左臂拔根左挒。這就是「我即先內向胸前，右側挒來」的道理，所以楊公語言文字「右側挒來」是正確的。

【動作演練】

由右掤的右弓步。當對手避開我向前壓掤後，隨即用左拳反擊我頭面部。我速將右掌外旋下沉轉內旋上提，劃一微向右外再轉回的小圓弧繞過對手左臂，敷套其左肘上；同時左掌外旋貼扣對手左腕，從而鎖住其左臂肘腕而得以化解。

我進而以右前腳為支撐，虛左後腳，因自重產生較大的牽引力，使對手失勢向我衝來。我即在左腳落地成半馬步時，順勢轉腰向左發勁。這是牽引轉腰平挒；即體現為右套扣、順牽引，左轉腰發的弧形擒扣平挒。(圖8)

如果我牽對手左臂，使其失勢向我衝來，對手覺失勢後，趁機屈前臂用肘向我進擊，我速用右掌下切其左肘，左掌右托其左腕，合發彎曲旋轉扭勁，使對手仰身翻跌，而不得進。這是平挒的後續防化操作技巧，不可不知。

①右掤　　　　　　②擒敵左臂肘腕

③後牽拔根　　④轉腰左捋　　⑤轉腰橫旋發勁

圖8　動作演示

【練拳誤區】

現今練拳往往採取一開始即雙手左掤，成為頂抗，也掤不動對手。原因是對手兩手臂近身，我兩臂掌遠身；或兩手上下翻掌後下掤，或左下掤。這是無法擒扣對手進擊左臂肘腕關節的，是不懂拳法的亂動，既不能化其左拳進擊，更無所謂掤了。均不合技擊拳理。

傅鍾文老師在《楊式太極拳》第19頁中寫明「凡是向左下掤或向下掤，都是不正確的」。必須按前敍所說「先擒扣敵左臂肘腕；繼而拔根掤動敵身前衝；最後轉腰左發使敵左側跌出」。這是平掤法有實效的三部曲。

質疑五

攔雀尾擠法

《太極拳體用全書》第4頁——

「由前式設敵往回抽其臂，我即屈右膝，右腳實，左腿伸直，伸腰長往，隨之前進，眼神亦直前往上送去。同時速將右手腕向外翻出，左手心貼我之右腕臂間，向前往，乘其抽臂之際，隨出擠之。則敵必應手而跌矣」。

其中，缺少了擠法的拳照。

【解惑釋疑】

此處用董英傑拳照（《太極拳釋義》，1948）補入，供參考。（圖9）

楊公在《太極拳體用全書》一書中，攔雀尾擠法文字描述為「右腳實，

圖9 攔雀尾擠法

左腿伸直，伸腰長往，隨之前進，眼神亦直前往上
送去，同時速將右手腕向外翻出，左手心貼我之右
手腕臂間，向前往」。這是形象的滾擠練法。

【動作演練】

接平捋。當對方未被我平捋左發，往回抽臂後
退。我即右轉腰，同時兩手內外旋兩掌前後相合於
胸前朝西，成環球狀。腕高不過肩，肘低於腕，為
左實右虛步。腰帶雙手轉正後將後退的對手擠出，
不是邊轉邊擠。擠出時是直線發勁，不走弧線。

採取滾動前擠的方式，即兩臂手腕逐步內旋
向外翻出，綿綿不斷向前滾進，且連續內旋兩臂與
前進右虛步配合上下相隨。滾動前擠使對手驟難防
化，不知所措。（圖 10）

當對手欲退走，我即進右虛步，前後合掌滾擠
向前跟進，形成以左後腳為支撐，靠全身重力矩產
生的前擠推力使對手退倒，直至我右腳落地為止，
還能防止前擠過衝失勢。無須專注，勁能自來。

【練拳誤區】

現今練拳往往呆板地平擠。不會採取兩臂內旋
滾動，使對手無從按拿、不知所措的練法。多數拳

①平捋　　　②下切反扣　　　③回正合十

④虛進前擠　　　　　⑤滾擠前發

圖10　動作演示

友更不知藉助自身重力矩產生強大的前擠推力。也有前擠時，兩臂高於肩，更為不妥。

質疑六

攬雀尾按法

圖11　攬雀尾按法

《太極拳體用全書》第5頁——

「由攬雀尾擠法，設敵人乘勢從左側來擠，我即將兩腕從左側往上用提勁，空其擠力，手指向上，手心向前，沉肩垂肘、坐腕、含胸、全身坐於左腿。速用兩手心按其肘及腕部，向前逼按去。屈右膝，坐實。伸左腿，腰亦同時往前進攻。眼神隨動往前從上送去，則敵人即後仰跌出矣」。（圖11）

其中，「全身坐於左腿」有錯，應是坐於右弓步的右腿。

【解惑釋疑】

請注意，此處是按發，不是按化。右弓步不能事先弓好再按，必須採取跟步形式的右弓步，全身先坐於左腿，虛送右腿前弓，落地後屈右腿，坐實。伸左腿腰也同時往前往上拔根進攻。所以，楊公說的「全身坐於左腿」是正確的。

【動作演練】

由滾擠。當對手退避後復用拳或掌向我進擊，我迅即將滾擠前後合掌左右分開，外旋切沉，手心皆斜朝上，後引外開對手之臂，成左實右虛步。既化開對手的來拳進擊，又形成「我內敵外」的利我局勢。

當對手醒悟失勢後退時，我即虛進右腿，順勢內旋雙掌向前、往上將對手拔根放出而成右弓步。

注意，兩掌向前合按如捧球狀，即兩手掌心不可轉至平面朝正前方。所謂拔根者，即要向上托起向前按，使對手前腳離地，重心提高，易於被我按離翻倒。發勁時，仍須做到「其根在腳，發於腿，主宰於腰，形於手指，由腳而腿而腰，總須完整一氣」地發放勁能達於對手之身。（圖12）

①滾擠　　　②展收　　　③內切沉收

④後引下沉　　　⑤內旋合勁　　　⑥拔根按發

圖12　動作演示

　　傅鍾文在《楊式太極拳》第21頁按式的要點中說：「兩掌尚未按出時，左掌心斜朝右面前方，右掌心斜朝左面前方；兩掌按出時，掌心須隨按隨向前轉，但兩掌心不可轉至朝正前方。」

　　這表明，兩手後收是外旋下沉，手心翻朝上的。否則，兩掌內旋前按必成掌心朝正前方，也絕不是屈臂後坐。

　　由擠到按過程演練很重要。大多數拳友採取屈臂後坐，然後回按朝前的練法。請問當你屈臂後坐時，對手順勢前進向你推按，你必將後倒無疑，根本無法回按朝前。如此演練不合拳理。

【練拳誤區】

　　現今練拳往往屈臂後坐，這是一誤用，對手會順勢將你按倒；更有練成兩掌下按轉前按，這不但按不走對手，還會按穩對手。

　　切記，前按要向前向上拔根按發對手，才是正道。

質疑七

單　鞭

《太極拳體用全書》第6頁──

「由攔雀尾按法，設敵人從身後來擊，我即將重心移在左腳，右腳尖翹起，向左側轉動坐實，左右手平肩提起，手心向下，一致隨腰，左右往復盪動，以稱轉動之勢。兩手盪至左方時，乃將右手五指合攏，下垂作吊字式。此時左掌暫駐腰間，與吊手相抱，手心朝上，右足就原位，向左後轉動翻身向後，左足提起，偏左踏出，屈膝坐實，右腿伸直，同時轉腰，左手向裡，由面前經過，往左伸出一掌，手心朝外，鬆腰胯，向敵之胸部逼去，沉肩垂肘，坐腕，眼神隨之前往，俱要同一時動作，則敵人未有不應手而倒」。（圖13）

圖13　單　鞭

其中，「設敵人自身後來擊，我即將重心移在左腳，右腳尖翹起，向左側轉動坐實」。這是明確的輕轉，犯了送打的毛病。

【解惑釋疑】

楊公明明知道「敵人自身後來擊」，還要輕轉送打嗎？這是因為楊公技藝高明，在對手還未擊到之前，左盪手掌已到達左面攔擊，且能左右往復盪動（**左盪橫掃，右動提推**）擊打對手。

注意，楊公說的是左右往復盪動，即多次往復盪動，動作之快猶如振動。可見問題不在於「重轉」或「輕轉」，而在於輕靈、速變。還有後續的「右足就原位，向左後轉動翻身向後，左足提起，偏左踏出，左手往左伸出一掌，向敵人胸部逼去」。正所謂「藝高人膽大，輕轉亦無妨」。技不如人者，還是按傅鍾文老師重轉演練為佳。

【動作演練】

單鞭的過渡演練歷來是各自不同，特別是右腳「實轉」還是「虛轉」，這是一；兩臂掌是平抹還是沉肘盪動，這是二；右腳跟是裡扣撐實還是欠起外蹍，這是三。拳友們稱之為單鞭的糾結。

我們只能從楊公澄甫的拳照和他留下的語言文字來研究這些糾結。

第一糾結，右足是「實轉」還是「虛轉」。

楊公在《太極拳使用法》（1931年）中說：「設敵人從我身後來擊，右足就原地向左轉動（重轉），左足提起」，非常明確地表達了「要避開敵人身後來擊，只能原地左轉，左足才能提起」。而在《太極拳體用全書》（1934年）中有如下描述：「設敵人從身後來擊，我即將重心移在左腳（輕轉）。」可見，如前述，「藝高人膽大，輕轉亦無妨」對於初練拳人來說，按傅老師教導練習為佳。

顧留馨和傅鍾文老師在示範和教授時都是實轉，且特別強調「不能後坐送打」。因此，可演練如下：

接右弓步按發。設此時對手自我左後方向我側肋部進擊，我絕不能後坐送打，必須速變右弓腿為實腿，虛左腿，以右腳跟為軸，左腳尖為支撐點，左轉腰帶動微墜肘的兩臂掌，以左臂迴旋格化左後對手的進擊。

第二糾結，兩臂掌是平抹還是沉肘盪動。

楊公在《太極拳體用全書》中說：「左右手平肩提起，手心向下，一致隨腰，左右往復盪動。」

如果雙手鬆腕，甚至垂掌往左平抹，會顯出疲塌，更無從化敵。

要體現平肩提起，「左盪」「右動」。「左盪」時，不是垂掌直臂的平抹，而是平肩提起，一致隨腰。要以左轉腰帶動微墜肘的兩臂掌，以左臂格化左後對手的進擊。身腰退坐於右腿，實現引進落空，左盪化解、驅敵的實戰功能。

此時，西方被我用攔雀尾按發驅離的對手，又回來向我右側進拳，我即右轉回腰迎之，以右臂掌滾提對手臂拳，同時以左掌前衝其胸脅部。這就是楊公所說「左右往復盪動」的「右動」。為加大勁能的傳送，左掌前衝發勁，可採用「動步」或稱「偷步」進行，即右進步帶動左跟步支撐發勁。

接著，原被我「盪」驅的對手回拳攻我左胸脅部，我即坐實右腿，虛提左腿，左轉腰帶動左臂內旋，以臂掌橫格對手臂拳，進而揮掌進擊其胸脅，至左腳落下踏實為止。與此同時，我將滾提的右臂掌，沉肘化解被我左掌前衝發勁驅離對手的回擊，並使我右掌變勾手順其臂上擊其下顎，將其震暈得以降伏，成左弓步單鞭雄姿。右手五指合攏作吊字式，要在整個運動過程中逐步形成，不能先成右吊手不動了再左手拉單鞭。

右吊手的形成，要如褚桂亭說：「還有魚尾掌勾切法。由右手勾套，往上甩開偷襲敵人之右臂，右勾手迅即變掌，斜下斬擊敵頸動脈，使敵倒伏。」這是更兇狠的招術。

第三糾結，如何完成單鞭左弓步，右腳跟是裡扣撐實還是欠起外蹍。

楊公在《太極拳使用法》的如封似閉用法中說：「雙手按勁往前推去，左足在前作弓式，右足在後為直線，足跟不可欠起，其根在足。」表明，足跟欠起外蹍是錯誤的，右腳應該裡扣撐實。

再從單鞭拳照觀察，楊公的左足尖朝東時，右足尖是朝南的，即夾角為90°，確證了右腳跟是裡扣撐實的。如果是足跟欠起外蹍，就成不了這樣形態，其夾角必小於90°。

足跟欠起外蹍是洩勁的表現。我們來做個實驗，拳友們可以一試便知。

雙掌按牆，當用左弓步向前撐腿發勁時，如果右足跟欠起外蹍會有什麼後果？必然造成全身後滑下跌，只有右足裡扣撐實向前發勁，才會使勁達牆體，也不會後滑下跌。（圖14）

①攔雀尾按　②盤旋左盪　③右動提推

④裡扣回收　⑤沉臂後甩　⑥對拉單鞭

圖14　動作演示

【練拳誤區】

　　現今練拳往往不按照楊公澄甫的「左右盪動」化發、攻防行拳；而且都是先形成右吊手，而後左手拉單鞭，較長時間暴露右胸脅，不合攻防原理，也有違「一動無有不動」的拳理。

　　也有各持己見囿於「實轉」「虛轉」；腳跟「欠起」外蹍。均為不妥，應向楊澄甫拳照和楊公的語言文字靠攏為宜。

質疑八

提手上式

《太極拳體用全書》第7頁——

「由單鞭，設敵人右自側來擊，我即將身由左向右側回轉，左足隨向右側移轉，右足提起向前進步，腳跟點地，腳尖虛懸，全身坐在左腿上，胸含背拔，鬆腰眼前視，同時將兩手互相往裡提合，

圖15　提手上式

是為一合勁。右手在前，左手在後，兩手心左右相向，兩腕提至與敵人之肘腕相銜接時，須含蓄其勢，以待敵人之變。或即時將右手心反向上，用左手掌合於我右腕上擠出亦可。身法步法，與擠亦有相通處」。（圖15）

其中,「設敵人右自側來擊」錯,應為「自右側來擊」。

【解惑釋疑】

像這樣明顯的「設敵人右自側來擊」排字錯誤（自右排成右自），應不是作者或代筆者水準低下之錯。

還有人用《太極拳體用全書》「海底針」一節中的「胸尖點地」,來說明《太極拳體用全書》一書寫作有錯,而不容爭辯。其實,寫作者再笨也不會把腳尖點地寫成胸尖點地,顯然是抽錯鉛字造成的錯誤,因都是月字旁而抽錯。

【動作演練】

「提手上式」是一個先收化,後擒發的招術。因單鞭時,我右胸脅開,若對手向我右側胸脅部用拳先後進擊,我即右轉腰,重心移於左腿,收右腿。如此身腰向左收空的作用,能引空對手來拳的進擊。同時,我左掌外旋上提轉內旋下切化對手進擊的右拳;右勾手舒放變掌,右臂外旋沉肘回抄如飛鷹狀,纏化其左拳而黏引之。

繼而我右掌經腰脅內旋向南出掌,與左掌相

合將對手的雙拳，特別要將其左臂肘腕銜合、鎖扣，以內旋提合勁，加以右足向前進襠發勁，放其遠離；或坐實左腿，提空右足橫掌蹬踏其小腿前脛骨，以壓倒或驅退對手為止，不可使其骨折而傷人。（圖 16）

【練拳誤區】

現今練拳往往體驗不到收化時飛鷹狀騰空盤旋的飄然感受。這樣也不能達到身腰向左收空，而使對手來拳進擊落空，更因屈臂沉肘而護腰脅。

很多拳友既沒有體驗到這種感受，擒發時又出現雙重，導致前腳不能靈活蹬踏，自如發揮作用。

①單鞭 　　②飛鷹回抄纏化

③左移纏收 　　④虛步提合 　　⑤提手上式

圖16 動作演示

質疑九

手揮琵琶

《太極拳體用全書》
第10頁——

「由左摟膝拗步，
設敵用右手來擊我胸部，
我即含胸，屈右膝坐實，
左腳隨稍往後提，腳跟著
地，收蓄其氣勢，右手同
時往後收合。緣彼腕下繞
過。即以我之腕黏貼彼之
腕。隨用右手攏合其腕內

圖17　手揮琵琶

部。往右側下採捋之。左手亦同時由左前上收合，
以我之掌腕，黏貼彼之肘部做抱琵琶狀，此時能立
定重心。左捋右採，蓄我之勢以觀其變。謂之手揮
琵琶也」。（圖17）

　　其中，「緣彼腕下繞過」和「右手攏合其腕內

部」，如何操作？

【解惑釋疑】

這兩句是一個連續的纏繞化、扣纏絲勁手法，是右手纏對手右腕，隨借我左手收合對手右肘成一反扣擒拿，顯然是一纏絲勁的應用。

不少拳友把手揮琵琶當作是提手上勢的左式，其實不然。手揮琵琶由三步組成：「迎扣擒敵」為第一步；「後引拔根」為第二步；第三步以「分錯發放」結束。不同於提手上式的先被動地纏化，後轉為提合橫踏進發的兩段功法。

【動作演練】

接左摟膝拗步。對手退避後復用右掌或拳向我還擊，我即虛上右腳，以雙手迎帶對手右手臂向後引沉。右手有一纏繞扣腕與左掌托扣對手肘的擒拿左捌右採合勁；隨之以左前腳為支撐，虛右後腳順勢後牽，形成較大的後牽力，至我右腳落地坐實為止，這是拔根引進之招術。

當對手感覺失勢往回硬抽右手時，我即向前順勢分錯發送使對手跌出。（圖18）

這是不丟不頂、沾黏連隨的綿延技法，要體

①左摟膝拗步　　　　②上步搭手

③後牽引進　　　④擒敵肘腕　　　⑤手揮琵琶

圖18　動作演示

現：左捌右採螺旋擒拿；後牽拔根；分錯回送，三結合獨特功法。

它不同於提手上勢，更不是「提手上勢」的反式。

【練拳誤區】

現今練拳往往把「提手上勢」和「手揮琵琶」混為一談，這是不妥的。

「提手上勢」是被動纏化，轉為向前往上的提合、蹬踏勁。

「手揮琵琶」是向後往下的左捌右採纏扣勁，後牽拔根，分錯順發勁，總體必須貫徹綿綿不斷，上下相隨。

質疑十

進步搬攔捶

《太極拳體用全書》第13頁——

「接摟膝拗步，設敵人用右手來擊，我即將左足微向左側分開，腰隨往左拗轉，左手即往後翻轉至左耳旁，手心向下。右手俯腕，隨轉至左脅間，握拳，翻腕向右轉腰，右拳隨之旋轉至右脅下，此謂之搬。同時提起右腳側右踏實，鬆腰胯沉下，左手即從左額角旁側掌平向前擊，謂之攔。左足同時提起踏出一步，坐實，右足伸直，右手拳即隨腰腿一致向前打出。然此拳之妙用，全在化人擊來之右拳，先以我之右手腕，黏彼之右手腕，從左脅上搬之右脅下，其時，恐敵人抽臂換步，即將左手直前隨步追去，寓有開勁。攔其右手時，即速將我右拳，向敵胸擊去，則敵不遑避，必為我所中。此拳之妙用，所以全在搬攔之合法也」。（圖19）

其中，怎麼樣的搬攔才算是合法？

圖19　進步搬攔捶

【解惑釋疑】

進步搬攔捶由搬、攔、捶三步聯合組成，曾有楊澄甫搬攔打天下之說，特別是右搬拳的纏繞鎖扣擒拿，可傷筋挫骨，制敵跪服，是勁能與巧技相合的磨練成果。

要得此招，必須練勁，沒有勁能無從搬起。後引纏繞是一巧，左右合手是關鍵，借用身重弱勝強。這些都必須熟練掌握。

【動作演練】

第一步，搬。

由摟膝拗步。設對手用右手掌緊握我右腕，我即將左足微向左側分開，腰隨往左後拗轉，意在牽回、縮近右臂，使我右臂腕離我身近，離對手身遠；左手同時往後翻轉經左耳旁，手心向下，壓扣其右手掌；右手俯腕，回牽轉至左脅間，握拳，翻腕纏繞向右轉腰，右拳隨之旋轉，雙手搬腕將其右

臂腕旋扣至右脅下。同時我右腳朝右跟進，左腳虛跟，我全身重量壓扣在對手右腕臂上。此謂之搬。

這是二對一的反扣擒拿，得當時對手右腕關節痛極，必跪伏於地，無力反抗。

我左右手協同動作，至關重要，我左掌若不壓扣對手的右掌腕，對手可鬆脫其右掌腕，致使此招擒拿無效。

第二步，攔。

當對手未遭搬扣，其右掌回抽後復進拳擊我。我右腳側右踏實，鬆腰胯沉下，左扣壓掌變內旋立掌橫攔出擊，左化對手的拳臂前擊，且將左虛腳左進半步，以穩定此丁字步，同時右拳外旋收至腰脅，成對拔態勢。此謂之攔。

必須做到：丁步，坐實右腿，左掌左攔前擊，左掌對左肩，右拳同時外旋收至腰脅，為對拔態勢，使前擊掌與後收拳保持平衡。

第三步，捶。

當我左立掌攔開對手右臂拳時，即快速將我右拳內旋向對手胸部擊去，右拳對右肩。同時，速收左攔掌敷於右手脈門處，形成對拔發勁，同時進左步踏實

成左弓步。右拳脈門的保護頗為重要，一旦被人拿住脈門，痛極將無法反抗。

此拳之妙用，全在化人擊來之右拳，先以我之右手腕黏彼之右手腕，從左脅上搬至右脅下，其時，恐對手抽臂換步，即將左手直前隨步追去，寓有開勁。

我左掌攔對手右手時，即速將我右拳向其胸擊去。若對手不急避，則必為我所中。步驟為：左弓步，右出拳，成捶。（圖20）

①左摟膝拗步

②引進收拳

③擒拿搬拳　　④虛步左攔　　⑤進步搬攔捶

圖20　動作演示

此處要注意，左掌同時回收與右出拳形成對拔態勢，確保自身平衡；左掌宜收至右腕內側，以護住脈門為佳。

【練拳誤區】

現今練拳往往只用右拳單手右搬，不起擒拿作用，致右搬無效；攔掌平切，不立掌，不橫開，失去攔化作用；捶打中心不對肩，力線歪扭不到腳跟，發勁不順，怎麼捶？左掌貼肘彎不護脈門，怎敢出拳？均為不妥。

質疑十一

如封似閉

圖21　如封似閉

《太極拳體用全書》第14頁——

「由進步搬攔捶，設敵以左手握我右拳，我即仰左手穿過右肘下，以手心緣肘護臂，向敵左手腕格去，如敵欲換手來按，我即將右拳伸開，向懷內抽拆，至兩手心朝裡斜交，如成一斜交十字封條形，使敵手不得進，猶如盜來即閉戶，此謂之如封之意也。同時含胸坐胯，隨即分開，變為兩手心向敵肘腕按住，使不得走化，又不得分開，此謂之似閉。似閉其門不得開也，隨急用長勁，照按式按去。眼前看，腰進攻，左腿屈膝坐實，右腿隨胯伸直，合一勁，敵向擊去。此為合法。」（圖21）

其中，「敵向擊去」應為「向敵擊去」；「合法」應為「合發」。

【解惑釋疑】

楊公之意「敵向」為「朝敵人的方向擊去」，同於「向敵人擊去」。「合法」理解為合於法度，即合於拳理規矩。古人的語義說法，與今人會有不同。

「如封似閉」是先求化解而後順發的招術。化解體現在「十字封」格，順發體現在「合閉」震擊。

【動作演練】

由搬攔捶。設對手以左手握我右拳，我即仰左手掌，先外旋後縮穿過右肘下，再內旋下穿至掌緣（即小魚際）朝前時向對手左手腕格去，同時將右拳鬆開變掌，向懷內抽拆而得以解脫。隨即我兩手心微朝前斜交成一十字手向前的封條，使對手不得進，就如給對手貼上了十字封條。這就是如封之意。同時含胸坐胯，退坐為左虛右實步，化解得以完成。

接著，我兩手外旋下沉分開，進而變為兩手掌

內旋將對手肘腕托按住，使其不得走化，又不得分開。我先左變虛步側退腰後引，復回腰前弓成左弓步，同時速以兩掌緣（小魚際）為軸，勁能集結於雙掌大魚際側，迅速合勁閉出震擊，猶似兩扇大門封擊。這是似閉順發。

操作如下：即以右腳為根，腰帶左腿虛提朝前進襠，落地屈膝坐實，右腿隨胯伸直合一勁，成左弓步向敵擊去。此為按發。注意左腳虛提進襠，是借自身重力矩前發按勁的妙招。

向前往上閉合按去，仍要做到「其根在腳，發於腿，主宰於腰，形於手指，由腳而腿而腰，總須完整一氣」地發放勁能達於敵身，眼觀對手。（圖22）

①進步搬攔捶　　②叉掌十字封　　③後引下沉

④進步合閉　　　　　　⑤如封似閉

圖22　動作演示

【練拳誤區】

現今練拳往往不體現後引下沉，雙掌斜交，掌緣（小魚際）朝前迎對手的「十字封」，和隨其後退，順勢而進，雙掌由下而上開合掌「托按閉」的沾黏連隨。借自重發勁也多不被拳友們習用。

質疑十二

十字手

《太極拳體用全書》第15頁——

「由如封似閉，設有敵人由右側自上打下，我急將右臂，自右向上大展分開，身亦同時向右轉，左腳與右腳合，兩手由上分開，復從下相合，結成一十字形，全身坐在左腳，右腳即提起，向左收回半步，兩腳直踏，如起勢。此一開一合勁也。際我用開勁分敵之手時，正恐敵先乘虛由我胸部襲擊，故我即結兩手成一合勁，其時手心朝裡，將敵之臂部掤住。如敵變雙手按來，我即用雙手將敵手由內往左右分開。手心朝上，或向下均可，唯結成十字手時，同時腰膝稍鬆，往下一沉，則敵所向之力，即自散失不整矣」。（圖23）

圖23 十字手

其中，何以要「兩手由上分開，復從下相合」；「兩腳直踏」。

【解惑釋疑】

注意，「由上分開」是化解對手自上打下；「從下相合」是為掤架隨後對手的右拳乘虛擊我胸部而設；「全身坐在左腳，右腳提起，兩腳直踏」，表明不是「雙重」。

十字手是一化防的招術。先化右側之直擊，接防正面之劈擊，我務必使對手的擊劈意圖不能得逞。

【動作演練】

由「如封似閉」。設對手由右側向我進擊，我急將重心全移至左腳，以左腳跟為軸，以虛點的右腳掌為支撐點，腰右轉迅即帶動右臂掌斜上內旋橫化對手來拳，左臂掌緩隨右臂掌助勁，左腳裡扣右轉90°時，保持原弓步身高不變。

對手直擊無效後即抽臂退步，我隨即兩手由上外旋分開跟隨。對手又復進步掄臂自上而下劈擊我頭面部時，我又速從下合抄雙臂，起身內旋結成十字手形，將對手襲我的臂部掤住，同時全身坐在

左腳，右腳即提起，向左收回半步，兩腳直踏，如
起勢，即兩腿微屈保持左實右虛站立狀態。不但可
防對手臂的下劈攻擊，且處於「我內敵外，我下敵
上」的利我順勢，我更可兩臂向前掤擊，使對手退
離或後倒。（圖24）

①如封似閉

②上開化敵

③分展下收

③下抄合收

④上抄合收

⑤十字手

圖24　動作演示

【練拳誤區】

現今練拳往往過分下蹲，先把重心移到右腳，然後回移到左腳，再移回右腳，這是往右送打，不懂技法，不合拳理；兩手回抄變成手指朝地的掃地形態，是疲塌、斷勁，不是舒鬆。整套拳架除「海底針」外，掌指均不朝地，慎記。

質疑十三
抱虎歸山

圖25　抱虎歸山

《太極拳體用全書》第16頁——

「由十字手，設敵人向我右側，後身迫近擊來，未遑辨別其用手，或用腳時，急轉腰分開兩手，踏出右步，屈膝坐實，左腳伸直。右手隨腰向右方敵人腰間摟去，復抱回，左手亦急隨之往前按，故右手先用覆腕摟去，旋用仰掌收回，如做抱虎式，倘敵人手腳甚快，未能為我抱住，但僅為我摟開，或按出。則彼復換左手擊來，我即用捋式捋回」。（圖25）

其中，「踏出右步」用意何在？「仰掌收回」少有人練；「抱虎歸山名不副實。猛虎豈能抱，歸

山怎成行」？

【解惑釋疑】

可能拳友不知右後掃蕩腿摔跌虎撲妙招，功在跌虎騎打，不為抱虎。拳名有冠以「抱頭推山」「豹虎歸山」不一而足。其實，名不重要，借虎以示其威而已。此一技擊招術，實為功於摔跌。

第一招為右後掃蕩腿，致右後偷襲者前進腿未落地之際，而使其前傾摔跌，類於虎撲落空摔跌；第二招為右抱左推擰旋暈眩摔跌；第三招為挒、擠、按動盪鞦韆摔跌。務必使其無立足之地，畢其功於一役。

不少拳友演練此拳架時，往往漏掉了楊公澄甫在《太極拳體用全書》中明確指出的「右手先用覆腕摟去，旋用仰掌收回」這一過程。

【動作演練】

由十字手，設對手向我右側身後擊來，我急以左足跟為軸重轉，下蹲，左腳裡扣90°的同時，左手外旋下抽轉內旋上提至左胸前，掌指朝西，這是胸前上身的格擋護掌；同時我右手內旋下沉坐腕置於襠前，右腳虛點，成扣襠步，這是下身襠膝的攔

護。

下沉扣襠步是要保護腰脅，即要裡扣重轉，避開對手右後側手或腳的襲擊，且要兩手分開護襠。

隨即，我提起右虛腿向右後掃蕩踏出，使對手進擊我而尚未落地的前腳失衡，致其向側前撲倒。

若對手未進步中招，而以腿腳踢來，我即右掌覆腕摟去，掃開對手的腿腳，在其以後足為軸擺轉時，乘其不備，可仰掌抱回其身，左掌內旋變立掌，朝右斜弓步方向進行按擊，助右抱掌的發勁，使對手旋轉仰倒。

隨後，我接做攔雀尾的前搭手平捋、滾擠、按發，使對手動盪失穩，我成右斜弓步。至此抱虎歸山完成。（圖26）

①十字手　　②後掃蕩　　③仰掌抱回

③回挒　　　④虛進前擠　　⑤抱虎按發

圖26　動作演示

【練拳誤區】

　　現今練拳往往少了左插掌護胸，「右手沉掌護襠步」；更不知「右腳掃蕩踏出」後掃腿倒敵的功能；「右手仰掌抱回」與左推掌的扭挫發勁，使對手仰翻側後倒。個別拳友「覆腕摟去」時，右手摟掌過高，無摟敵腿腳意識，更無「旋用仰掌收回」的操作與意識。

質疑十四

肘 底 看 捶

圖27　肘底看捶

《太極拳體用全書》第18頁——

「由『抱虎歸山』，如敵自後方來擊，我即轉身。其動作如上單鞭轉身式，可參用。迨身將翻轉正面時，左腳直向正面踏實，右腳即偏向右前，踏出半步，坐即時，則左腳提起，腳尖翹起，兩手平肩，同時隨身向左轉，此時即用左手腕外平接敵人右手腕，向右推開，至其失卻中定時，即將左手指下垂，緣彼腕間，向內纏繞一小圈，右手同時向左，與其左手相接，自上黏合。則彼之左右手都處背境，而失其所向。我即將左腕抑其右腕，右手急握拳，轉至左肘底，虎口朝上，以蓄其勢，向機而發，未有不應聲而倒」。（圖27）

其中，「兩手平肩」和我「左手腕平接敵右腕緣敵腕向內纏繞」是何用意？

【解惑釋疑】

何謂平肩，如何向內纏繞，未有交代。「平肩」不能看作是兩臂伸直，仍應保持沉肩墜肘的盪動橫掃攔化；向內纏繞即內纏勾手，將對手右臂勾開，以利右拳肘底進擊。

「肘底看捶」中有一句「單鞭轉身式，可參用」，很多人就練成了半個單鞭形式，忘掉了《太極拳使用法》中說的「速進三步才可打上」的操作。

其實，「肘底看捶」應練出「三步連掌」進擊的態勢。楊公澄甫在《太極拳使用法》第93頁說：「用右拳打敵右脅，敵速退，我速進三步才可打上。」再無細說。

為此，筆者研究如何來實現這「速進三步才可打上」。經參閱有關資料和自身體驗，試將「肘底看捶」的過程演練權作如下安排。

【動作演練】

由抱虎歸山按發。如又有對手自我左側後方

進步用拳來襲，我即以右腳跟為軸，左轉身猶如單鞭，轉身時兩掌內旋斜上掃開對手之拳。而後再回腰對付西方進擊對手之拳，以兩掌先外旋回腰收成右上左下，進而向西腰帶右臂掌內旋向上滾提，左掌內旋向前進掌推出，成右實左虛的跟步，類似「玉女穿梭」，驅敵遠離。才有回身向東速進三步對敵之舉。

而此時，我後方（即東方）又有對手來偷襲，我即以右腳跟為軸，右腳左轉裡扣，兩掌回落，左腳提起進襠，成左弓步；同時，使左掌前撲，右掌向右胯採沉，對拔發出「左撲掌」攻敵。此為第一步。

對手必用右掌攔接，我即左掌下切，內繞化對手右攔掌的同時，右坐腕掌外旋上提轉內旋，經左臂腕向前上對拔發出「右撲掌」。與此同時，右腳上半步，由左弓步變成右實左虛丁字步。此為第二步。

對手必用左手攔接我右撲掌，我即以右掌緣向下切壓，外旋回收逐步變拳，左掌外旋上提變內旋向前「穿掌」推出；右拳同時繼續內旋收於左肘下成對拔「穿喉掌」擊對手，而成右實左虛步。此為第三步。這就是楊公說的「速進三步」。（圖28）

①抱虎歸山　　　②裡扣左盪　　　③右動提推

③裡扣回收　　　④進襠前撲　　　⑤肘底看捶

圖28　動作演示

【練拳誤區】

現今練拳缺少向西的「驅敵」和向東的「速進三步」，以及連撲三掌之玄妙（即左弓步，左撲掌；左掌壓沉，上右腿成丁字步，右撲掌；右掌下壓變拳，左掌前穿進擊，成左虛步肘底捶穿喉掌）。

質疑十五

倒攆猴

《太極拳體用全書》第19頁——

「接肘底看捶，設有敵人用右手，緊握我手左腕或前臂間，倘又以左手托住我肘底拳，則我先受其制，不得施展時，即翻仰左掌，用沉勁鬆腰胯，向左後回縮，左腳亦退後一步，屈膝坐實，右腳變虛，則敵之握力頓失。右手同時向後分開，至其失卻握力時，急向前按去」。（圖29）

圖29　倒攆猴

其中，「翻仰左掌」何意；「敵之握力頓失」
為何？

【解惑釋疑】

注意，楊公的用詞「翻仰左掌」很關鍵，這就
是其螺旋抽絲勁動作的體現。當對手緊握我手時，只
要我旋動翻仰左掌時，就將靜摩擦轉變為動摩擦了，
即摩擦係數大大降低，大的握力只能產生小的摩擦力
了，相當於握力頓失。

此式為「後退化敵」之中有反擊的招術，不是
一味地退，而是有退有進，起化解、阻截對手的功
效。

【動作演練】

接肘底看捶。設有對手用右手緊握我手左腕或前
臂間，倘又以左手托住我肘底拳，則我受其制，不得
施展時，我速翻仰左掌，外旋向前（變靜摩擦為動摩
擦）用沉勁化之，以求解脫。

若仍不得脫，即以右腳為支撐點，左腳向後虛退
一步，產生很大的後牽力，則使對手的握力頓失，或
使其被拔根失勢前衝。

我即以身腰帶動左掌，內旋抽沉，向左後回縮，

屈膝坐實左腳，右腳變虛收在左腳右前方，腳跟點地，踝關節放鬆。與此同時，我右手向後分展外旋，向右側旋甩驅趕對手，頭眼仍應注意正前之對手，不得轉頭向右後觀望。右手從後甩到向前回按的過程，是不斷外旋、內旋、外旋、內旋，圓轉連續進行的。還要注意，右掌應是從耳旁而不是耳下回穿按出，且左肩要相應後讓。我右臂掌內旋發出推掌與左掌後抽沉化同時形成對拔勁。（圖30）

特別要注意：

前掌的外旋仰沉前送，與後手的側後旋甩，要形成對拔；同時前手的回引亦要與後手的前送形成對拔。眼神要關注對手，不可扭頭後望。

【練拳誤區】

現今練拳往往左掌不外旋仰掌，不向前沉送，而不得解脫；右臂側後甩時回頭觀望右手掌，丟了關注前敵意識，且無綿綿不斷地內旋外旋圓轉運動；前手、後手運動無對拔勁意識；更不知利用虛腿後伸的自重牽引拔根作用。

①肘底看捶　　　　②退步倒攆

③左倒攆猴　　④退步倒攆　　⑤右倒攆猴

圖30　動作演示

質疑十六

斜飛勢

《太極拳體用全書》第20頁——

「由前式倒攆猴，如敵人自右側，向我上部打來，或用力壓我右臂腕，我即乘勢往下沉合蓄勁，隨即將右手向右上角分展，用開勁斜擊，同時踏出右步屈膝坐實。似成一斜飛式，其用意亦須稱其勢也」。

其中，描述與第42頁——「右野馬分鬃」類似，且拳照完全相同，似有錯。

【解惑釋疑】

確實如此，斜飛勢拳架演練因歷史「成書誤操作（誤植）」形成的狀況一直延續至今，以致當今拳者均以「右野馬分鬃」為「斜飛勢」來習練。

這是因為楊公澄甫的兩本書《太極拳使用法》和《太極拳體用全書》中的「斜飛勢」拳照均與

「右野馬分鬃」完全相同之故（圖31）。今用筆者
拳照補入，供參考。（圖32）

①右野馬分鬃

②左野馬分鬃

③斜飛勢

圖31　三張拳照比對

圖32　筆者演示斜飛勢

為什麼說這是歷史「成書誤操作（誤植）」形成的呢？《太極拳使用法》是1931年文光印務館出版的，所用的「斜飛式」拳照與「右野馬分鬃」拳照完全相同。

而藉助同時拍攝的「左野馬分鬃」拳照，與「右野馬分鬃」拳照對比，可確定「右野馬分鬃」拳照為《太極拳使用法》原書正確的拳照。因左、右野馬分鬃是同時拍攝的（在1931年之前拍攝的），不可能左右野馬分鬃都錯。

1931年之前拍攝時很可能漏拍了「斜飛勢」的拳照，而在1931年成書時急用「斜飛勢」的拳照，董英傑未仔細審查誤用了「右野馬分鬃」拳照。

鄭曼青編《太極拳體用全書》時（1933年），將文字予以改寫，但卻將《太極拳使用法》全部拳照原樣套用，所以「斜飛勢」的拳照就一直「誤植」，用了「右野馬分鬃」的拳照植入。

何故如此猜測，理由是：楊澄甫的兩種不同拳勢定型架必定是兩次拍攝的拳照，「斜飛勢」拳照與「右野馬分鬃」拳照絕不可能一模一樣，完全相同。而「右野馬分鬃」拳照可以用同時拍攝的「左野馬分鬃」拳照證實是正確的。那麼，「斜飛勢」

用「右野馬分鬃」替代就是誤植了的。所以，用「右野馬分鬃」演練來替代「斜飛勢」演練，是歷史性「誤植」。

當然，有人會用楊澄甫青年時期的「斜飛勢」拳照來證明，《太極拳體用全書》中的「斜飛勢」拳照使用，同於「右野馬分鬃」亦無不可。

但是，隨著時間的推移，楊公技藝必有精進，就如楊公自己所說：「且翻閱十數年前之功架，又復不及近日，於此見斯術之無止境也。」所以，要按楊公「近日」的語言文字描述來演練「斜飛勢」為準。

為了弄清「斜飛勢」確切該如何演練，只有藉助楊公澄甫《太極拳使用法》中關於「斜飛勢」的文字描述來進行。因為《太極拳使用法》一書是《太極拳體用全書》的母本。

楊公澄甫說：「接倒攆猴，如敵人自右側面向我上部打來，我急用右臂向敵人右臂外側掤，右足同時向右側出步。如敵人用下壓我臂腕，我即乘勢往下稍沉勁，隨即將左手上提，提至敵腕上面，手心向下貼合其右腕，往我左側略施採意，左足暫坐實。隨將右手向敵右臂下抽出，順勢用腕部側面向敵上斜捌去，手心側向裡（「野馬分鬃」手心向上

朝天），右腳變實，左腳為虛，眼神隨去，身亦右
攻。則敵自歪而倒矣。」（《太極拳使用法》第29
頁）

這裡，楊公特著重說：「……左手上提至敵腕
上面……往我左側略採……右手從敵右臂下抽出，
順勢用腕部側面向敵上斜捌去，手心側向裡……」
注意，「左手（內旋）上提貼敵右腕往左側採，右
手從敵右臂下抽出（外旋轉內旋），順勢用腕側面
向敵上斜捌去，手心側向裡」。這才是「斜飛式」
的練法，完全不同於「右野馬分鬃」。「右野馬分
鬃」是手心向上朝天的，成右弓步。（圖33）

《太極拳體用全書》中「斜飛勢」，描述為：
「右手向右上角分展，用開勁斜擊」，與上述「用
腕部……向上捌去，手心側向裡」的練法映照相
符。

另據楊振基《楊澄甫式太極拳》第63頁「斜
飛勢」中，「左為採手，右為捌手，鬆肩墜肘以右
捌手向對手耳部打去」，旁證了上述《太極拳體用
全書》中，「用開勁斜擊」的部位為「耳部」，而
非腋下（野馬分鬃為擊腋下）。

現該到還原楊澄甫晚年「斜飛勢」演練過程的
時候了。這就是藉助楊澄甫的語言文字來復原楊澄

①右倒攆猴　　②右轉回收　　③左實右虛

④虛送右腳　　⑤虛進上捌　　⑥斜飛勢

圖33　動作演示

甫的拳架過程演練動作，更可借用楊澄甫青年時期
套路拳照中的「左斜飛勢」「右斜飛勢」照片予以
證明。（圖34）

右斜飛勢　　　　　　左斜飛勢

圖34　楊澄甫青年時拳照

【練拳誤區】

現今練拳往往把「斜飛勢」練成「右野馬分
鬃」了。野馬分鬃攻擊目標是「腋下」，且右捌掌
是手心朝上，虎口朝右；而斜飛勢攻擊目標是耳部
或頸動脈，且右捌掌是手心朝下，掌緣即小魚際朝
右。這是兩種不同形態的招式。

質疑十七

海底針

圖35　海底針

《太極拳體用全書》第22頁——

「由左摟膝拗步，設敵人用右手牽住我右腕，我即屈右肘坐右腳，轉腰提回，手心向左，腳亦隨之收回，胸尖點地。如敵仍未撒手，更欲乘勢襲我。我即將右腕順勢鬆動，折腰往下一沉，眼神前看，指尖下垂，其意如探海底之針，此時雖欲採欲戰，皆往復成一直力，不意為我一挫，則其根力自斷，便可乘虛進擊也」。（圖35）

其中，「胸尖點地」為排字之誤，顯而易見，應是「腳尖點地」「眼神前看」，應是「眼神下

看」。

注意，「往復成一直力」似指牽我右腕，敵之右手為直進用力？我「折腰往下一沉」猶如直力橫化！

【解惑釋疑】

其實「海底針」有妙用，常用的為「沉折敵右臂重壓倒伏；更有搬捶纏鎖擒拿法，使之反筋背骨，跪地求饒之效」。

楊公在《太極拳體用全書》第22頁中的圖像和文字中明確指出的都不應違背。例如，「坐右腳；眼神前看；指尖下垂」。

如有拳友蹲得過低，似成雙重；低頭看地，丟失前觀對手；手掌前指過遠，而不下沉，不懂技法，均為不妥。更有使脊背近於與地面平行，以顯功力了得，實屬拙態。應以楊公形態為佳，不可一易。

「胸尖」是「腳尖」的排字錯。「眼神前看」沒有錯。準確地說，應按傅鍾文老師所說，眼神要時刻「關注對手」。

【動作演練】

由左摟膝拗步。對手用右手牽我右腕，我順勢將右腳跟進半步，屈右肘坐右腿，轉腰提回右臂，手心向左內旋翻上托住對手右腕；同時，左手掌腕合扣對手的右肘，轉成雙手擒敵右臂肘腕的順勢。左腳微收虛點地，眼前看觀注對手，協助右掌下沉，壓對手伏倒。（圖36）

或採取搬捶纏鎖擒拿法，即以我左手覆於對手右手背上，鎖扣其掌指使不得脫，我右手稍引進以掌緣由下往上纏鉤其腕橈骨處，兩手隨右腿前進半步，折腰沉襠，屈肘沉勁下採，帶勁齊發，使對手反筋背骨，立跪於地，或向前撲俯。但不可過猛，勿折人筋骨。

【練拳誤區】

現今練拳往往將右掌上提過肩後抽，露自己胸脅，易被動受對手攻擊；再向前遠伸下插過低，使自己處於背勢；往往連帶眼朝下看，不仰頭朝前觀注對手，毫無對敵意識，均不合拳理；更不知特技合扣搬捶、纏鎖擒拿招術的運用。

①左摟膝拗步　②上步合手　③後坐牽臂

④合手擒臂　⑤沉插下壓　⑥海底針

圖36　動作演示

質疑十八
扇通臂

圖37　扇通臂

《太極拳體用全書》第23頁——

「由海底針式，設敵人又用右手來擊，我急將右手由前往上提起，至右額角旁，隨將手心向外翻，以托住敵右手之勁，左手同時提至胸前，用手掌衝開，直勁向敵脅部衝去，沉肩墜肘，坐腕，鬆腰，左腳同時向前踏出，屈膝坐實，腳尖朝前，眼神隨左手前看，右腿隨腰胯伸勁送去，其勁正由背發，兩臂展開，欲扇通其背，則所向無敵矣」。（圖37）

其中，「敵人又用右手來擊」似有矛盾，只能設敵人擺脫擒拿後，而有此進擊。

【解惑釋疑】

此招為迎化對手的進拳和隨之進擊而設。右掌的迎化應置於額前，不能遠離前額，更不能置於額後。進擊左衝掌之掌根應對左肩。

【動作演練】

由海底針式。設對手擺脫擒拿後，又反用右拳擊我右胸脅或頭部。我即右臂微內旋上提至腕與肩高，掌心朝左化對手的右拳，托扣住其右腕；左掌心貼於右腕內，身體回正坐直，以左掌托住對手的右臂擊來之肘，成雙手托其右肘腕；隨後，右掌繼續向上，扭托對方手臂至己額前，並用左掌直勁向其脅部衝去，同時向前虛送左腳踏出，腳尖朝前，眼神隨左手前看，右腿隨腰胯伸勁送去，至左腳落地踏實止前衝限位。這是利用自重產生很大的衝掌勁能，使對手知難而退。

若對手未被所制，又欲屈肘向我下擊，我即將左掌上托對手肘部，右掌速扣其腕後引，成反扣扭轉擒拿，制其於背勢，使對手橫後摔跌。此為扇通其背，所向無敵。（圖38）

①海底針　　　　②提回正

③虛送上提　　　④進襠托推　　　⑤扇通背

圖38　動作演示

【練拳誤區】

現今練拳往往不知虛步前衝送掌發勁驅敵；更
不知反扣擒拿變招側後摔跌技巧。

質疑十九

雲　手

《太極拳體用全書》第26頁中——

「由單鞭式，設敵人自前右側用右手擊我胸部，或脅部，我即將右手落下，手心向裡。即以我之腕上側，與敵之腕下相接由左而上，往右旋轉，復翻下向左行，劃一大圓圈，如雲行空綿綿不斷。左手同隨落下，手心向下，隨往下向上翻出，與右手用意同。身亦隨右手拗轉，眼神亦隨手腕看去，旋轉照應，右足往右側往左移動半步坐實，左足亦即向左踏出一步，成一騎馬式。此時兩手上下正行至胸臍相對，則右腳又變虛，向左移入半步，則續行第二式。唯變化虛實交互旋轉時，萬不可露有凹凸斷續之意。此式之妙用，全在轉腰胯，然後可以牽動敵之根力，應手翻出，學者其細悟之」。（圖39）

其中，「右足往右側往左移動半步坐實」中的

圖39 雲 手

「往右側」三字是多餘的。

【解惑釋疑】

楊澄甫在《太極拳體用全書》「雲手」一節中有這樣一句話，即「右足往右側往左移動半步坐實」。不少拳友提出疑問，認為「往右側」三字是多餘的，應改為「右足往左移動半步坐實」。

《太極拳體用全書》沒有錯，「往右側」三字不是多餘的，而且是非常精確的描述。

你不妨仔細反覆演練幾遍，請注意從「單鞭」定式開始，以左足跟為軸重轉裡扣90°就會發現（若無右腳尖支點支撐，左足無法重轉裡扣）你的右足跟是離地的，且腳尖是點地的。並且右腳掌

以腳尖為軸「往右側」轉動了，即是鬆踝關節而形成。然後，右足全部提起，往左移動半步坐實。

　　這也證實了「右足往右側往左移動半步坐實」。楊澄甫的拳套演練，在此是「重轉」變換的過程。這也說明《太極拳體用全書》中的描述用字是很細膩精準的，隨意改動，往往會脫離楊公的用意。所以，我們應遵循楊公教導，一字一句揣摩練習，不要隨意否定或改變。

　　雲手運動過程中特別要注意，右手下抄過程，左手應同隨落下，上下纏繞化敵，特要貫徹楊公所說：「兩手上下運行要胸臍相對。」雲手出於轉腰帶動，牽敵、橫發，源於腰勁；保持橫移步平穩運動，正身不得出現上冒、下落大幅度的起落現象。這要靠騎馬步練就堅實的腿勁來實現。

【動作演練】

　　單鞭到雲手的過渡演練時，由於不少拳友沒有仔細閱讀楊澄甫《太極拳體用全書》第26頁中的拳照和語言文字，而有所偏離。大致分析如下：

　　第一，拳友們往往出現單鞭右吊手下落掃地的動作，即右吊手舒指變掌後，下擺掌指掃地，完全

忘記了右手下落的化對手技擊作用。

　　請看楊公語言文字的描述：「設敵人自前右側用右（左）手擊我胸部，或脅部，我即將右手下落，手心向裡，即以我之腕上側，與敵之腕下相接，由左而上，往右旋轉，復翻下向左行，畫一大圓圈，如雲行空綿綿不絕。」

　　其演練過程可解說為：單鞭時，我左弓步，右腰脅開。設對手自前右側用左拳擊我右胸脅部，我速將重心移至左腳，裡扣90°，腰右轉，是為空化對手來拳。同時，隨將右手落下變掌，手心向裡，即以我之右腕上側，與對手的左腕下相接，由左而上，往右旋轉，復翻下向右行，劃一大圓圈，繞攔化之。

　　這是右吊手變掌內抄、上掤、下採，纏繞化敵的形象描述。我右臂掌腕下落的高度只能是在對手進擊拳的腕下，即我胸脅處，絕不可向下掃地。

　　第二，拳友們往往出現單鞭左手推掌不知如何運作，即常將左掌橫提於左肩往返移動或不動，而等待右吊手下抄，成為右手動、左手不動的呆板狀態。

　　請看楊公語言文字的描述：「左手同隨落下，

手心向下，隨往下向上翻出，與右手用意同，身亦隨右手拗轉，眼神亦隨手腕看去，旋轉照應。」

可解說為：左手要與右手同時隨動，落下，手心向下，往下向上翻出纏繞化敵，並與右手相合，身向右拗轉，擒扣對手左臂肘腕。這是巧妙的技擊操作，絕不是左手橫在左肩遊蕩，無所事事。

第三，拳友們往往出現雲手至身體面朝正南時，上掤手與下抄手上下不隨、不對中，且下手心朝下，或掌指朝外或朝下的種種怪相。

請看楊公語言文字的描述：「右足往右側往左移動半步坐實，左足亦即向左踏出一步，成一騎馬式。此時兩手上下正行至胸臍相對。則右腳又變虛，向左移入半步。」

此處楊公明確指出，「兩手上下胸臍相對」，這是無可辯駁的，楊公的拳照亦明示無誤。我們再注意楊公「右足往右側往左移動半步坐實」的描述，是極其精準、惟妙惟肖的。

我們仔細試一試單鞭的右撐腿是如何提起的，必然是右腳跟先起，腳尖點地，「相當於右足往右側移動，即鬆踝關節」，然後右足全部提起「往左移動半步坐實」。

第四，拳友們往往出現左右平移雲手，腰胯不轉。不知轉腰橫發，順牽引發的技擊內涵。

請看楊公語言文字的描述：「此式之妙用，全在轉腰胯。然後可以牽動敵之根力，應手翻出。」

可解說為：我左右搭手擒扶對手左臂肘腕，腰胯左轉，雙掌向正南橫向發勁而降住對手，這就是轉腰橫發；也可虛提左腿橫跨出步，以右腳掌為支撐，靠自身重力矩，兩臂牽對手左臂，腰胯左轉引發，至左腳掌落地踏實而止，且可防止左引過衝，是為「牽敵拔根引發」。（圖40）

①單鞭　　②雙手下抄　　③右擒手

【練拳誤區】

　　現今練拳，多數拳友無法安排左手的動作，當右手下抄繞轉時，左手只在左肩旁左右浮動。理應與右手同隨下，並與右手同步形成搭手；更不知還有雙搭手扣敵肘腕擒拿這一招，轉腰胯可發、可引；還有出現雲手過程中，身板硬直不轉腰，以及上下冒、落的怪相；更有兩臂掌運行至胸臍中位時不上下相對，且下手掌指朝下或者朝外，此為斷勁，且與楊澄甫拳照不符。均為不妥。

④左雲手

⑤左擒手

⑥右雲手

圖40　動作演示

質疑二十
高探馬

圖41　高探馬

《太極拳體用全書》第27頁——

「由單鞭式,設敵用左手,自我左腕下繞過,往右挑撥,我隨將左手腕略鬆勁,手心朝上,將敵腕迭住,往懷內採回,如上圖。左腳同時提回,腳尖著地,鬆腰含胸,右膝稍屈坐實。同時急將右手由後而上圓轉向前,往敵人面部,用掌探去,眼前看,脊背略聳,有探拔前進之意」。(圖41)

其中,「右手由後而上」應是「右手由後翻上」。

【解惑釋疑】

因為多數拳友練習高探馬時，都是採取「右手由後翻上」的操作，故有此疑問，認為應由後翻上。其實，楊公在此用詞「而上」是很精確的。

拳友們在高探馬的練法上多種多樣，莫衷一是，有探索的必要。應按楊澄甫語言文字求索高探馬拳架的演練過程。

現今流行的高探馬拳架練法多有不同，將其羅列如下，僅作討論。接單鞭開始。

步法上有：重心前移，後腳跟上，重心回落於後腳，再逐漸起立；

前腳提回，虛點地，重心落於後腳，隨之逐漸起立。

手法上有：勾手變掌翻上，經耳旁平掌推出；

勾手變掌翻上，經耳旁切掌推出。

掌高至肩；

掌高至額。

前掌回沉至胯旁；

前掌回沉至腹前。

身法上有：轉腰或不轉腰；

扭頭或不扭頭。

　　進一步來看楊澄甫師公在《太極拳體用全書》第27頁講述「高探馬」的過程演練，即「我將左手腕，手心朝上，將敵腕迭住，往懷內採回，左腳同時提回……右膝稍屈坐實。急將右手由後而上圓轉向前，往敵人面部，用掌探去，眼前看」。

　　其中，「我將左手腕，手心朝上，將敵腕迭住，往懷內採回」，結合楊公拳照觀察，是左手疊沉回採至腹前。

　　「左腳同時提回……右膝稍屈坐實」，表明「重心不能前移，必須是前腳提回」。

　　「右手由後而上圓轉向前」，是右手由後先下後上，（外旋轉內旋）圓轉向前的精妙演練。這可由楊澄甫語言文字來證明。即楊公所說的「右手由後而上」，是由後先下後上，而不是由後翻上。否則，將如「十字腿」中描述的「我即將右手抽開，至左手腋下，隨將左掌向敵胸部衝去，急將身向右正面拗轉。左臂同時翻上屈回」。（《太極拳體用全書》，楊澄甫，第54頁）

　　據此，「右手由後而上」，按前後文理一致，應改寫為：「右手由後翻上」。高探馬並不寫「由後翻上」所以說「由後而上」不是「由後翻上」。

　　勾手變掌翻上，經耳旁平掌推出；勾手變掌翻

上，經耳旁切掌推出。這種練法，形成胸脅、腰側的長時間暴露，與「勾手由後下落而上，圓轉向前探出」的護身拳法，是無可比擬的。

　　左手腕將敵腕迭住採回，右手由後而上圓轉向前用掌探去。且左手採沉與右手探掌形成對拔之發勁。這是螺旋纏絲勁的精妙體現，於此可見楊公拳法的致臻完滿，不可一易。且楊公說的「撲面探掌」，遠比平掌、切掌要順勁自然，迅猛無比。

　　掌高至肩；掌高至額。楊公說的是：「右手由後而上圓轉向前，往敵人面部，用掌探去，眼前看。」強調的是往敵人面部探去，明確是撲面掌。指肩、指額均不是楊公原意，而是看準敵人的面部撲去。撲面掌，絕不是平掌、切掌。

　　轉腰或不轉腰；扭頭或不扭頭。楊公說的是：「急將右手由後而上圓轉向前，往敵人面部，用掌探去，眼前看，脊背略聳，有探拔前進之意。」這右手圓轉向前的外旋、內旋，必然需有腰的帶轉，才能形成探拔發勁。

　　楊公還明確說：「眼前看，脊背略聳，有探拔前進之意。」表明眼睛必須關注前方對手，絕不可扭頭回看後手。

【動作演練】

由單鞭,此時,我左弓步,右腰脅開。對手用右掌橫擋我左掌腕往外撥開進擊,我即將左掌外旋,鬆腕,使手心朝上轉內旋迭住對手的右腕往懷內採回,成「我內敵外」之順勢。同時,向後提回左腳,右膝稍屈坐實,急將右手由後而上,即由後先下再上,以護右腰脅。

下時外旋,過腰時內旋往上圓轉向前,向對手面部用掌探去。這是螺旋纏絲勁的精妙體現,且左手採沉與右手探掌形成對拔之發勁。(圖 42)

【練拳誤區】

現今練拳往往將右吊手變掌翻上向前,使自己右腰脅長期暴露,極不可取;還有人前探臂掌過低,與「高探」名不符實;也有不遵守楊公「眼前看」的教導,而扭頭眼看後手;更不遵守楊公明示「右手由後而上圓轉向前精妙的螺旋纏絲勁,往敵人面部,用掌探去」的教導。均為不妥。

①單鞭　　　②吊手下落　　　③退腳收手

④右手變掌　　　⑤圓轉向前　　　⑥高探馬

圖42　動作演示

質疑二十一

左右分腳

《太極拳體用全書》第28頁——

「由高探馬，設敵人用左手，接我探出之右腕，我用右手腕，壓住敵之左肘。垂肘沉肩，即將敵左臂向左側将回，同時左手黏住敵人左腕。手心向下暗施採勁，左腳同時向前左側邁去半步，坐實，腰向左斜倚。隨將右腳提起，腳尖與腳背，平直向敵人左脅踢去，同時兩手掌側立。向左右平肩分開，以稱分腳之勢，眼亦隨右手看去，含胸拔背，定力自足，則敵勢不能自支矣」。（圖43）

其中，「手心向下」有錯，應是「手心向上」。

【解惑釋疑】

我們體會一下楊公這裡的操作，帶有螺旋纏絲反關節擒拿妙招，不易體悟。試想，當我用右手腕

圖43　左右分腳

壓住對手的左肘，墜肘沉肩，即將對手的左臂向左側捋回，同時左手黏住其左腕之時，我雙手擒住其左臂，反擰其左臂，成肘腕反臂擒拿，使對手無以解脫。此時，我左手心向下暗壓對手左腕，右手掌上托其肘關節成反手擒拿。可知楊公動作之敏捷，且十分厲害。

【動作演練】

　　由高探馬。設對手用左手接化我前探的右撲面掌。我即用右臂、掌沉壓對手的左肘，掌心斜向下，向左側捋回，同時左手掌速托扣其左腕，雙手擒採其左臂肘腕；並以右腳為支撐，虛左腳向前左側邁半步，坐實左腳，成左斜弓步。至此，我左手

腕托扣對手左手腕，右手掌心向下，斜壓其左手肘節，成擒拿之斜挒。

　　繼續，我腰向左斜倚，重心落於左腳，隨起右腳，腳尖與腳背平直向對手左脅踢去，為正東方。在坐實的左腿逐漸伸起直至微屈，腰帶回收右腳的過程中，右腳就綿綿不斷地平直向對手踢去，這樣發勁送出的能量大而迅猛。這才是綿綿不斷，上下相隨，一氣呵成。切記不可演練成，將右腳先屈膝吊腳提起，然後再向敵踢去。

　　當我兩臂左挒對手左臂時，對手後化，復以右手擊來，我即兩掌、臂合十上提，過頂向上架開，與分腳同時前後對拔，平肩劈掌側立，掌根略高於肩。這稱為分腳之勢，眼觀對手，含胸拔背，定力自足。

　　前後劈掌，兩臂內合成135°，以合含胸拔背。前掌既為進擊掌，也為解控掌；後掌為對拔平衡掌。這就是右分腳的過程演練。

　　若對手以左臂掌擋化我右劈掌，又以右手推化我右分腳攻擊。我即右掌外旋下切對手左臂往右沉捋，配合我左腿下蹲，虛送右腳往東南方進步踏實成右弓步。同時，我左掌外旋回收，經胸腹下沉變內旋，與右手配合擒拿對手原先推我右腳的右臂肘

腕，可發可引。

　　若對手後退收手求化，我即移重心於右腳，收左腳向前跟進，雙手將對手右臂提高張開，左腳順勢平直踢向其右胸脅部。此為左分腳，要一氣呵成。（圖44）

①高探馬　　②兩手右側抙　　③重心左移

④合抄上架　　⑤右分腳　　⑥回收落右腳

⑦左側捋　　　⑧雙手合抄　　　⑨上架

⑩甩踢左腳　　　⑪左分腳

圖44　動作演示

【練拳誤區】

現今練拳往往分腳不朝正東對手腰脅，而朝東南或東北的無人方向，缺少對敵意識；分腳先提膝吊腳後，再分腳，缺少甩踢之勁；平肩劈分掌變成了推掌，且掌根低於肩，偏離楊公拳姿。均為不妥。

質疑二十二

進步栽捶

圖45　進步栽捶

《太極拳體用全書》第32頁——

「由右摟膝拗步，設敵又用左腿踢來，我即用右手順敵腿勢由左摟去，則敵必左仆。我即將左足同時向前一步追去，屈膝坐實，右手隨握拳，向敵腰間或腳脛捶去皆可，是為栽捶。其時右腿伸直，腰跨沉下成平曲形式，含胸，眼前看，尤須守我中土為要」。（圖45）

其中，「用右手順敵腿勢由左摟去」，應為「左手」。

【解惑釋疑】

楊公沒有寫錯，應用右手。如用左手，慢而不妥。

楊澄甫在《太極拳體用全書》「進步栽捶」一節中，敘述為「由『右摟膝拗步』，設敵又用左腿踢來，我即用右手順敵腿勢由左摟去，則敵必往左仆」。而不少拳友習慣練成「右側身，左手旋沉下摟，同時進左腿，收右掌變拳栽捶。還說《太極拳體用全書》中用右手錯了，應是左手。

《太極拳體用全書》在此處沒有錯，是拳友們的習慣錯了。請注意，原先狀態是「右摟膝拗步」，右手就在右膝旁，對手用左腿踢我右部，我用右手摟對手的左腿進行化解，是最敏捷、合理的操作。如果要按拳友們習慣用左手來摟對手的左踢腿，會是什麼狀況？

當「右摟膝拗步」時，我右摟膝掌是格化掌，左手掌是進擊掌，左手進擊掌勢必受到對手化解掌控，不易脫控轉去摟化對手的左踢腿，是其一；就算巧能脫控，我左掌要轉去摟化對手左踢腿的路徑也較遠，來不及去化解其左踢腿攻擊，是其二；且這樣操作勢必向右側轉腰，重心右移，極易被對手

用右掌或右拳擊倒，是其三。所以說，用左掌轉腰去擾化對手的左踢腿是不恰當的。

【動作演練】

由右摟膝拗步。我橫化對手左拳後，對手卻用左腿踢來，我即用右掌順其腿勢左摟去，使其左仆。這是右掌外旋轉內旋向左回摟對手的左腿使之左仆，既便捷、快速、穩定，又不同於一般右拳外旋後抽的打法。

當對手避開我右手左摟，而向後撤退時，我即進左足追擊，屈膝坐實成左弓步，同時為防其右手、右腳的回擊，我以左手外旋轉內旋的格、沉，摟化之，而護前進之左腳，同時右掌速握拳內旋向其腰間或腳脛捶去，是為栽捶。

注意形態為：腰胯沉下成躬身含胸向前平屈形式，捶向下栽。不可把45°下擊栽捶打成向前的平捶或向上的勾形捶，應保持模仿楊澄甫師公拳照原態為準。（圖46）

【練拳誤區】

現今練拳往往丟掉了「右掌順敵腿勢由左摟去」，變成「右掌外旋後抽」，而又無化對手左腿

進擊之招；更有人把45°下擊栽捶，打成向前的平
捶或向上的勾形捶，都不可取。應保持楊公原態。

①右摟膝拗步　　　　　②轉腰上步

③跟步沉掌　　④收拳虛進　　⑤進步栽捶

圖46　動作演示

質疑二十三
左右打虎式

《太極拳體用全書》第35頁——

「由右蹬腳,設敵人由左前方,用左手打來,我將右足落下,與左足並齊,左右手隨向左側轉,左腳往後踏出,屈膝坐實,右足變為虛,略成斜騎馬襠式,面向側正方。兩手同時盪拳隨落隨往左合,即用右拳將敵左腕扼住,往左側下採,至與心部相對。左拳由左外翻上,轉至左額角旁,手心向外,急向敵人頭部,或背部打去。此式以退為進,忽開忽合,意含兇猛,故謂打虎式也」。(圖47)

其中,何謂「盪拳左合」「右拳扼住」?

【解惑釋疑】

「盪拳」者,即兩手均需握成拳,拳心上下相對,扣擒敵之左手臂肘腕往左牽採謂之「盪」;「扼」者,用手掌五指緊抓敵腕,扣壓擒拿謂之

圖47　左右打虎式

「扼」。

　　「盪拳」是雙手左牽採沉對手的左臂，「扼」是右手單臂折腕擒扣對手的左臂，而能鬆開左臂，使拳外開上翻旋甩，擊對手的頭部，其勢之猛，猶如武松打虎。

　　我們要特別體驗楊公在《太極拳使用法》第41頁中的描述：「兩手同時落下，隨落隨往左合，轉用右手將敵左腕扼住往左側下採，左手變拳由左外翻轉上招至左額角旁，手心向外，急向敵人頭部或背部打去」（左打虎式）；以及第42頁中的描述：「兩手同時隨落，隨往右合，轉用左手將敵右腕扼住，往右側下採去，右手變拳由右外翻轉上招至左額角旁，手心向外，急向敵人頭部或背部打去」

（右打虎式）。

　　為什麼楊公要說「兩手同落往左合，轉用右手扼住敵左腕下採，左手變拳翻轉上招至左額角旁」呢？因為原先右蹬腳時，兩臂掌是前後平開的。

　　楊公採取第一步：兩手同落往左合，就是將左手往左與右手一起落下擒按住對手左臂肘腕，才能牽動對手往我左後跌衝；第二步：進而才有可能轉用右手扼住對手左腕下採，致使對手腕折跪降；第三步：也只有此時，左手才能脫開變拳翻轉上招擊對手頭部。

　　可見楊公的拳路是多麼嚴密，步步緊隨，不可一易，左右同理。

【動作演練】

　　由右蹬腳。設對手退避化開我右蹬腳後，復從我右前方用左手進擊，我即將右足落下，橫踏於左足旁，左手右合，兩手同落順勢擒捉對手的左臂肘腕，隨向左側轉，微下蹲以右腳為支撐，虛左腳往左後踏出一步，即向東北方略成斜騎馬襠式以牽其左衝，面向側正方。

　　在左牽對手左臂左衝過程中，兩手同時隨落隨往左合，而用右掌將其左腕扼住，往左側下採，至

與腹胯相對。速鬆脫左掌，由左外內旋翻上成拳，轉至左額旁，手心向外，掄臂向對手頭面部用拳面衝去。

只有右足落下踏實為支撐，且左腳往後虛送踏出的同時，才能雙手鎖扣對手的左手肘腕，向左側下牽引、左腳虛送才能產生大的自重牽引力，使對手往左側前衝，朝向西北角，我為左斜弓步。繼而我右掌順移至對手左腕往左下抝採，這時，左掌才得以變拳，由左外內旋翻上，掄臂向對手頭面部打衝去。

兩臂擒敵左臂向左牽衝，右掌抝採沉敵腕，是此招成功之關鍵。掄打頭面顯效果，此為左打虎式。

若對手未受我制，退走後復從我右後用右拳進擊，我即右轉腰裡扣左腳，稍收右腳成左實右虛步；同時兩拳鬆開，外旋變掌置於胸腹前，兩掌心均斜朝上如捧球狀，能轉化對手的右拳，並擒閉其右臂肘腕。

隨後，虛送右腿朝東南方牽對手側衝，接著用我左右掌腕合抝、採沉其右腕至我右膝旁，此時我右腳落地成朝向東南的右斜弓步。速脫右掌變拳，內旋環甩以拳面襲擊對手的頭面部，形成右打虎

式。（圖48）

①右蹬腳　　　　　　②雙手右落

③平落擒敵　　　④牽敵左衝　　　⑤左打虎式

⑥回腰沉化　　⑦出步牽敵　　⑧牽敵右衝

⑨右拳甩打　　⑩右打虎式

圖48　動作演示

【練拳誤區】

現今練拳往往不懂虛步牽引，而不能拔根引動敵身；更少有人練掌指擒拿功，使此式應用受限。不少拳友在左右打虎定式弓步的指向多有偏離。

應為：左打虎的左弓步朝向西北；右打虎的右弓步朝向東南。兩弓步成一對反向平行線。

按《太極拳使用法》中楊公的拳照，左右打虎式兩拳的拳眼均應是上下相對的，不應練成下拳為拳心朝下的蓋拳。

質疑二十四

雙風貫耳

《太極拳體用全書》
第37頁——

「由回身右蹬，設敵
人自右側，用雙手打來，
我即將左腳尖稍向右移轉
立定，右腳同時向右側懸
轉，膝上提，腳尖垂下，
身同時隨轉至左正隅角，
速將兩手背由上往下，
將敵人兩腕往左右分開迭

圖49　雙風貫耳

住。隨將兩手握拳由下往上，向敵人雙耳用虎口相
對貫去，右腳同時向前落下變實。身亦略有進攻之
意方可」。（圖49）

其中，「由上往下，分開迭住」「由下往上，
虎口貫去」，似乎表明兩手是上下小弧線運動，不
像多數拳友們兩手甩開繞圈去貫耳；且說拳架「雙

風貫耳」實為「雙峰貫耳」之誤。

【解惑釋疑】

按楊公所說「兩手握拳由下往上向敵人雙耳用虎口貫去」，是由下往上的進打，不是雙手向外甩開的意思；由收右蹬腳懸提，同收雙臂，借右腿開胯外擺與左腳尖右移向右側懸轉至東南立定，速將兩手背由上往下，將對手的兩腕往左右分開疊住，成「我內敵外」順勢。對手若後撤，我將右腳前落變實成右弓步，兩手握拳由下往上向對手雙耳用虎口相對貫去。

楊公用雙風而不用雙峰的內涵極深，說的是：即使雙拳受阻，拳未能觸及對手之耳，而雙拳拳眼的勁風亦將震擊其耳，使其受驚不已。

不少拳友在雙拳上貫時，多採取雙拳由下向外甩開而上的練法，是錯誤的。楊公在《太極拳使用法》只是說「兩手握拳由下往上向對手雙耳用虎口貫去」，並無雙手向外甩開的意思。

【動作演練】

即由回身右蹬腳。設對手自右側用雙手打來，我即收右腳懸提，同收雙臂，借右腿開胯外擺與左

腳尖右移向右側懸轉至東南角立定。速將兩手掌腕由上往下，將對手的兩腕往左右分開送住沉化，成「我內敵外之利我」局勢。對手感到受控即往後退，我將右腳同時向前落下變實成右弓步，隨即兩手握拳由下往上向對手雙耳用虎口相對貫去，這是由下往上的進打。

特別要注意：兩手握拳由下往上，不可往外再往上相對貫去。否則，將成為我兩臂拳在外，敵兩臂拳在內，反成敵順我背之態勢，切記。

從收雙臂、右腿懸提擺轉，兩手掌腕由上往下，沉化對手進擊的兩臂腕，到虛進右腿成右弓步，兩手握拳由下往上發勁，向對手雙耳用虎口相對貫去進擊，眼觀對手，是極為精妙的化、打操作意態，必須綿綿不斷，一氣呵成。

注意楊公拳架的用詞，用「雙風貫耳」，而不是「雙峰貫耳」，這裡楊公要體現「用虎口相對貫去」時，雙手拳眼貫出的勁風。即使雙手被對手格擋，拳眼貫出的勁風，亦將震懾對手。（圖50）

【練拳誤區】

現今練拳往往將貫耳的雙拳由內往外甩開，繞一個半圓往上擊打，實不可取，一是擊打的弧形路

線過長；二是我頭胸前露易受攻擊；三是「敵內我外」致成背勢。有人在右弓步完成後再雙拳上擊，更不合拳理。這樣缺少了虛進右腿由低到高，一氣呵成、綿綿不斷的連續發勁。

①右蹬腳　　　②雙手下落　　　③仰掌沉化

④進步上合　　　⑤雙風貫耳

圖50　動作演示

質疑二十五

轉身右蹬腳
（內轉270°，換腳）

《太極拳體用全書》第39頁——

圖51 轉身右蹬腳

「由左蹬腳，如有敵人從背後左側打來，我急將身往右後正面旋轉，左腳同時隨身轉時收回往右懸轉，落下坐實，腳尖向前。此時右腳尖為一身旋轉之樞機，兩手合收隨身至正面時，急用右手腕將敵（左）肘腕黏住，自上而下，向左捌出，右腳同時提起，向敵脅腹部蹬去，左右手隨往前後分開」。（圖51）

其中，「敵人從背後左側打來」似應為右側？旋轉時兩手合收的用意何在？

【解惑釋疑】

「敵人從背後左側打來」沒有錯，見其後述「用右手腕將敵（左）肘腕黏住，自上而下，向左捌出」。所以要以「右腳尖為一身旋轉之樞機，兩手合收」，快速旋轉以應對手。

拳友初練時有此想法不足為奇，通常經過練習實踐，會有更深體會，感到楊公教導有理。因為，隨腰轉動時，兩手臂往內收合，易於並加快轉動；立定蹬腳時，兩掌左右側立，平肩分開，則為技擊和平衡所需。根據運動力學 $M = I\omega$ 可知，系統受旋轉力矩驅動後，使具有轉動慣量 I 之物體，產生角速度 ω 轉動。系統受旋轉力矩驅動後，$I\omega$ 之乘積恒定。當物體的轉動慣量 I 變小時（即原先伸開的雙手，由外往內合，轉動慣量 I 就變小了），其角速度 ω 就加快，而易於轉動。可見，楊澄甫的教導既符合拳術實踐，也與運動力學吻合。

演練此轉身右蹬腳，需要有前後迎敵的意識，進退、旋擊、蹬劈才有所作為。

【動作演練】

由左蹬腳將前面對手驅離後，設又有對手從背

後左側進擊。我急以右腳尖為軸，利用左腳外擺回收、兩掌外旋合收，將身往右後正面旋轉270°，以臂、腿、膝旋擊左後的對手，使之退離。至左腳落下坐實，腳尖朝向東北。換腿，右腳虛提，屈膝、上勾腳掌，兩手隨身轉合收於胸前，以回應原先驅離的正面對手。

　　我急用右手腕自上而下，與左手相合將對手左肘腕纏繞黏住，向左上捌出，使其左腰脅暴露，我即提起右腳向其腰脅部蹬去。隨即，左右手隨往前後劈分，眼觀對手，以稱其勢。（圖52）

①左蹬腳

②右蹲左腳伸

③左腳甩轉

④左腳回落　　　⑤提手上架　　　⑥轉身右蹬腳

圖46　動作演示

【練拳誤區】

現今練拳往往不知利用手腳擺收帶腰回轉，而凸現跳轉，或多次跳轉，均為不妥；更無前後驅敵和應敵意識。拳者應以意領氣，以氣運勁，化發結合，方能隨心所欲。

質疑二十六

野馬分鬃

《太極拳體用全書》第42頁——

「由斜單鞭，設敵人自右側，用按式按來，我即將身向右轉，左足亦向右移動，右足腳跟鬆同，腳尖虛點地。隨用右手將敵左右腕黏住，略往左側一鬆，用左手捌（採）其右（左）手腕。同時急上右足，屈膝坐實，左足伸直隨用右前臂向敵腋下分去，則其根力為我拔起，身即向後傾仰矣。此時左手亦須稍從後分開，用沉勁以稱右手之勢」。（圖53）

圖53　野馬分鬃

其中，「右足腳跟鬆同」應為「鬆動」。

【解惑釋疑】

的確，鬆「同」與鬆「動」，因是「近音」字，排版撿字時可能出錯。現在人打字可能會錯，古人手寫一般是不會錯的。

【動作演練】

由斜單鞭。設對手自右側用左拳向我進擊，我即將身向右轉，左腳掌裡扣坐實，右腳收回虛點地。我右吊手變掌外旋下沉將對手左手臂腕黏扣住，左掌同時外旋隨腰回轉朝正西向對手發一撲面掌，成左右掌上下抱球狀。

若對手以右掌化擋我撲面掌，我即虛進右腿以肩臂一起向西進靠發；若對手仰退，我即用左手替換右手採扣其左手腕，同時急上右足成右弓步，用我右臂掌向前掤發；也可隨用右前臂向對手腋下分捌發勁。這是左採右捌弓步發勁，眼觀對手，也就是靠、掤、捌三步連發。

右吊手的下沉黏扣，虛進右腿的肩臂進靠，右臂掌的前掤和分捌轉換，務求順其自然，綿綿不斷。

　　「由斜單鞭，設敵人自右側，進左步用左手打來，我即將身右轉，抽回右足，腳尖虛點地，隨用左手將敵左腕牽住，往左側下略有採意。同時急上右足，屈膝坐實，左足變虛，隨用右腕向敵腋下分去」。這是右野馬分鬃。

　　若對手趁我右臂掤、捯之左臂尚未得手時，即以右臂掌來化解。

　　我即重心移至右腳，變右捯手為內旋繞採對手右腕，加以擒扣。同時，我左臂掌插入對手右臂腋下，與我右臂上下成抱球狀，隨即虛進左腳，向前（即西方）做「靠、掤、捯三步連發」。這是左野馬分鬃，仿同於右野馬分鬃。（圖54）

①斜單鞭　　②裡扣抱球　　③右野馬分鬃

④右轉抱球　　⑤肩前靠　　⑥左野馬分鬃

圖54　動作演示

【練拳誤區】

現今練拳往往在形成抱球狀時，會出現過抱現象而成背勢，實不可取；更不知還有靠、挪、捌三步連發。

質疑二十七

玉女穿梭

《太極拳體用全書》第44頁——

「由單鞭式，設敵人從後右側，用右手自上打下，我即將身隨左腳同向右方翻轉，右腳隨即提回，落在左腳前，腳尖側向右分開坐實。左手收回，合於右手腋下，隨即護繞右上臂，穿過右肘，即用掤勁，向左前隅角上翻去。將敵之手腕掤起，左腳同時前進，屈膝坐實，右腿伸直。右手即變為掌，急從左肘下穿出，衝向敵之胸脅部擊去，未有不跌。此式左右手相穿，忽隱忽現，捉摸不定，襲乘其虛，故曰玉女穿梭。以喻其勢之巧捷也」。（圖55）

其中，「將敵之手腕掤起」，應為「將敵之右手臂掤起」。否則，僅對手左手腕被掤起，其左手肘仍能下垂護其「胸脅」，有礙我右掌進擊。

圖55　玉女穿梭

【解惑釋疑】

的確，拳友這一疑問很有道理。那楊公為何如此寫呢？因為楊公慣用螺旋纏絲滾動提捌，儘管起先接觸手腕，一經滾動朝前，自然過肘而到上臂，使整個右臂得以捌起，為我右掌進擊創造了條件。所以，楊公的寫法是符合他自己習慣動作的，可以說沒有錯。

文中說的「左前隅角」，是對練者自己而言的。按面南開始練拳為準，這第一個「玉女穿梭」的捌推方向，應是「西南」隅角。

此招為四隅角的迴旋，提、推、化、發連環操作。提是化，推是發。要熟練「同臂提化」，即我

左掌腕提對手左臂掌，右掌腕提其右臂掌，才不會受敵反擊。千萬不能「異臂提化」。

此四聯動的迴旋重心以腳跟為軸，要像戶樞正直轉動那樣，穩而不晃，且發勁時，後腳跟要內扣，不得欠起外蹺。

【動作演練】

由單鞭式。設對手從後右側用右拳向我進擊，我即由左弓步急將身隨左腳重轉裡扣坐實，同時回提右腳成左實右虛的坐步。這是一讓空動作，有使對手撲空之意。

在此過程中，右吊手外旋變掌圓弧下抄復內旋上提至肩前，沉肩墜肘，起到護我腰脅和擋化對手右拳的作用。同時，我左掌外旋上提隨身回轉，圓弧內旋下切，採格對手隨後打來的右拳，而置於我右手腋下，轉腰、開胯提右腿朝西虛進，成右弓步進轉成右坐步，左腳跟進虛點偷步，雙手發勁，將對手朝西或西南方向驅離。

我左臂掌隨即護繞右上臂，過右肘內旋下切坐腕沉掌於腹前，面向西南，形成進攻態勢。若對手此時回步換用左拳擊我，我速以左臂掌用掤勁，向前隅角（即西南角）內旋滾提翻上至對手的左肘

部，將其臂腕掤起，左腳同時虛進，屈膝坐實，右腿伸直，成左弓步。隨後，我右掌內旋從左肘下穿出，向對手的胸脅部衝去，眼觀對手。衝掌必須「到而不過」，即右掌穿衝到左腳虛進，落地為止。這是第一個右穿梭。

設我驅離西南的對手後，身後又有對手以右手劈頭打來。我即以左斜弓步的左腳跟為軸，收右腳回腰實轉，成左實右虛坐步。同時，我左臂外旋下沉與右掌外旋合收於胸前，成十字手，隨用右腕接對手右臂向外黏住，滾提翻上向右側掤起至其右肘部，隨將左掌向其右脅衝去。

我右腳同時向後右側踏出一步，屈膝坐實，身隨向後往右拗轉，成右斜弓步，朝向東南。我右手將對手右手臂掤起，是採取轉腕滾掌的提掤手法，使對手的胸脅暴露，利於我左掌的內旋進擊。這是第一個左穿梭。

其後，第二個右穿梭朝向東北；第二個左穿梭朝向西北。玉女穿梭四式為四個隅角，萬不可錯。（圖56）

①單鞭　　　②跟步沉掌　　　③右穿梭一

④跟步沉掌　　　⑤左穿梭二　　　⑥虛進沉掌

⑦右穿梭三　　　⑧虛進沉掌　　　⑨左穿梭四

圖56　動作演示

【練拳誤區】

現今練拳往往將托掌與推掌演練成一個平面，達不到進擊目的。更有人將後腳跟外蹶後洩，形成陋習，不合拳理。均與楊公拳照不符。

質疑二十八
單鞭下勢

《太極拳體用全書》
第47頁——

「由單鞭已出之左
手時，如敵人以右手將我
左手往外推去，或用力握
住。我即將右腿稍向右分
開，往後坐下，左手同時
用圓活勁收回胸前。或敵
用左手來擊，我急用左手
將敵左腕扼住，往左側下

圖57　單鞭下勢

採亦可，右腿與腰胯同時坐下。以牽彼之力，而蓄
我之氣」。（圖57）

　　其中，何謂「左手同時用圓活勁收回」？「右
腿與腰胯同時坐下。以牽彼之力」，何由而生？

【解惑釋疑】

此問有理。「圓活勁」表現在對手用右手緊握我左手時，我採取外旋後抽、內旋前穿的手法，變靜摩擦為動摩擦而得以解脫，這是巧解強勢抓握；「牽彼之力」來源於重力矩牽引，只要藉助左前足貼地摩擦點為支點，利用右後腿與腰胯同時坐下產生的強大拔河牽引力，必能牽對手前衝。

「單鞭下勢」演練因人而異，即使名拳師也各不相同。

請注意：從單鞭開始，左掌向後內旋上提，直到右胸前，然後隨胯下沉至右腹前，左掌再外旋隨腿前穿。我們注意到，原始單鞭的左推掌是進擊掌，勢必被對手化解或擒拿，不可能輕易向後上提縮回，且將左脅暴露於對手也不可取。而上提後拉牽對手前衝，為蠻力硬拼，費勁而不討好，實非妙招。但有不少拳師確是如此演練。

再注意，右勾手上步動作，鬆勾手反掌後，勾置於右腿臀部也不利於隨後的進擊出手。

那該如何演練「單鞭下勢」？請看楊公在《太極拳使用法》第53頁，「由單鞭已出之左手，如敵人用力握住，我即將右腿與腰身往後坐下以牽

敵。」這裡沒有、也不可能將左手上提後翻。這在
同頁楊公拳照也已確證。（圖58）

左手掌指始終朝前

右勾手掌指朝前穿出

圖58　單鞭下勢左右手示意圖

【動作演練】

由單鞭。我左推掌若被對手用力握住，我即
將右後腳掌外撇90°，以左前腳為踏地的支撐點，
虛右腳，全身向後下蹲形成很大的牽引力，這一後

牽仆步將使對手失勢前傾。與此同時，我左掌鬆腕外旋隨勢將對手的腕部扼住往後往下牽沉，外旋（動、靜摩擦係數有別）也有利於我掌之順勢解脫。

對手感到失勢後收時仍未鬆手，我左掌順勢內旋回送追擊，由後牽仆步變前進弓步送之。這就是下勢的「一牽，一送」，即左掌外旋後牽，內旋前穿追送。顯然，我左手掌指一直保持朝前，右吊手也同時變掌外旋下穿朝前跟進。

此處絕無右勾手反掌後將勾置於右腿臀部，也不利於進擊出手。（圖59）

①單鞭

②右腳外撇後引

③左掌外旋後牽下沉　　　④左腳外撇重心前移

圖59　動作演示

　　下勢招術的重點在於後牽沉化，隨勢跟進送發。所以，不少拳友後坐時，左掌上提後翻是錯誤的。

【練拳誤區】

　　現今練拳往往左掌外旋向上翻後，再內旋下摟朝前，像是在做體操，毫無拳勢可言。橫臂上翻後拉時，用的是蠻力，是不可能牽動對手向後的；這樣同時把左腰脅暴露給對手，破綻太大，不合拳理。應嚴格模仿楊公拳照，不可更改。

質疑二十九
金雞獨立右式
（右式左獨立）

圖60　金雞獨立右式

《太極拳體用全書》第48頁——

「由單鞭下勢，如敵人往回拽其力，我即順勢將身向前上攢起，右足隨之提起，用足尖向敵腹部踢去，右手隨之前進，屈肘，指尖朝上，以閉敵人之左手。此時左腳變實，穩立。右手隨進時，或牽制敵人左右手亦可，不必拘執」。（圖60）

其中，「攢起」如何解釋，「右手屈肘閉敵之左手」如何操作？

【解惑釋疑】

「攢起」理解為借勢而起，即借對手之能量，蓄勢而起；「屈肘閉敵」實質上是右掌上托對手的左肘，使其處於背勢而被封閉，且隨我而為也。

不少拳友演練此式時，漏掉了托對手肘這重要的一招。楊公在《太極拳使用法》第54頁中，「右手隨之前進，屈肘指尖朝上以閉敵人左手」及「左手托敵肘」。這裡說的是「托敵肘閉敵」。

【動作演練】

由單鞭下勢。如對手往回拽我左掌，我即順勢將左掌外旋隨身向前上提升，繼而左掌弧形內旋下沉，左摟至左胯側，掌心朝下。同時，我左腳外撇立定，重心前移，右腿隨之提起用膝向對手腹部衝去。如距對手較遠，可以足尖甩踢其腹部。

我右吊手同時鬆活變掌，自後下向外旋轉，上隨貼右腿向前圓轉、向上內旋托起，以格閉對手之左手，右臂掌隨即內旋屈肘立掌擊打對手頭面部。左掌下沉與右臂掌上托形成對拔勁，組成上為肘掌化打、中為屈膝衝頂、下為足踢的三連擊技法。

這是右式左獨立。

若對手以左臂掌化開我右肘掌的擊打，並用右拳進擊。我即稍後落右腳，速起左手托對手右肘，同時提左膝衝頂其襠、腹部。我右臂掌外旋轉內旋順勢沉化對手左手腳的變化，左右臂隨右腿下沉轉挺立形成對拔發勁態勢。

這是左式右獨立。（圖61）

①單鞭

②下勢

③重心前移

【練拳誤區】

現今練拳往往將右吊手反勾下沉於右臀後，實為不妥，因易被敵反拷而處於背勢；再隨膝向前擺提，完全丟失我右掌臂上托、格閉對手左掌擊打的功能。均為不妥。

⑥右獨立

⑤換腿

④左獨立

圖61　動作演示

質疑三十
轉身白蛇吐信

《太極拳體用全書》第52頁——

「此式略與撇身捶同，惟第二式變掌用法。惟在手掌加沉勁耳」。

其中，只寫「略與撇身捶同」，變掌，似乎未予盡言。

【解惑釋疑】

的確，楊公在此未予盡言，因殺手掌過於兇狠，不便輕易傳授，只能對心腹之徒言傳身教。

自從李雅軒眉批《太極拳體用全書》「轉身白蛇吐信」之後，也有拳友對「轉身白蛇吐信」提出相同的質疑，認為楊家演練的「白蛇吐信」「名不副實」，似乎「高探馬穿掌」更形象於「轉身白蛇吐信」，是這樣嗎？

緣於《太極拳體用全書》中「轉身白蛇吐信」

拳照，比「撇身捶」少了體現白蛇吐信的右掌內旋順步四駢指覆掌前衝插掌。這是形象體現白蛇吐信致命的殺手掌，所以書中未列出，只在言傳身教時，老師擇人叮嚀囑託傳授。

圖62　轉身白蛇吐信

不少拳友演練此招時，少了最後一招，即由右弓步變半馬步的右手內旋四駢指前插掌，與左手外旋後收之對拔發勁。

傅鍾文老師在講授此招時，告誡慎用，降服即止。楊振基在《楊澄甫式太極拳》一書中也說明「轉身白蛇吐信」不同於「撇身捶」，在翻身劈掛後，復以「右掌伸出」前插。所以，筆者據此演示成如下拳照（圖62），以供參考。

【動作演練】

由扇通背。此時，我左弓步，右腰脅開，為防對手自身後右側襲擊，重心速移至左腳，以腳跟為軸裡扣90°。採用左實右虛的左移轉及右掌外旋變

拳下沉於腰脊間，續轉內旋下沉變平握蓋拳，拳眼指向腰脊，右臂肘既護腰脊，又形成對對手的肘攻蓄勢。同時，左掌外旋上提轉內旋形成招手掌立於左額前，以防對手右拳攻擊。

若對手此時按抓我右肘，我左掌腕速下落抱壓敵掌腕，速以右前臂翻出，下壓扣沉敵腕，形成折腕擒拿動作。

如對手此時後撤，我即將右拳變掌，掌心朝上，自我左臂肘內由上翻出圓轉向西撇去，從對手頭、面、胸一路下行，左掌腕抱扶右肘，助右臂用掌指下掛，使對手茫然不知所措，成左實右虛步。

對手若仰身後撤，我即收右掌，用左掌急向對方身體衝去，右腿虛進踏實成右弓步。

若對手退而復進，我速變右弓步為半馬步的同時，左掌外旋收引沉化對方拳，右掌內旋以四駢指平直插掌，掌心朝下，且以側馬步助以發勁。這是順步插掌，兇猛異常，以降化為旨，不下殺手。（圖63）

此「右掌內旋順步四駢指覆掌前衝插掌」也見於當今拳師有練，崔仲三為「仰掌前衝插掌」，王志遠為「四駢指前衝插掌」；前輩拳師傅鍾文老師只言傳身教，楊振基則在《楊澄甫式太極拳》

①扇通背　　　②平拳招手　　　③肘擊翻身

④虛步劈掛　　　⑤左推右收　　　⑥白蛇吐信

圖63　動作演示

一書中記載有此「右掌內旋順步四駢指覆掌前衝插掌」。這是楊澄甫嫡傳兒子的有效憑證。楊澄甫特列一式「轉身白蛇吐信」以別「撇身捶」是有其特別含義和功效的。

【練拳誤區】

現今練拳往往不知左右手的協同動作；不知肘攻；右掌單臂撇掛，左掌沉開無所作為；在撇掛時已成右弓步（應為虛步），進左掌收右拳時，則成呆弓步，形成手動腳不動；更少知插掌發勁的技擊功能。均為欠妥。

質疑三十一

高探馬穿掌

《太極拳體用全書》
第54頁——

「同前高探馬，惟右
手探出後，即收回，手心
朝下。左手稍提起穿掌向
敵喉間衝去，右手仍藏在
左肘下。以應變」。（圖
64）

圖64　高探馬穿掌

其中，由「高探馬」
撲面掌的丁虛步變成「高探馬穿掌」的左弓步。不
知何故，手法、步法均未作交代。

【解惑釋疑】

的確，正因未予寫明，只在言傳身教中。在
後傳延續而有不同練法，常見的右手掌操作就有兩

種：一種為右撲掌平降至左掌仰伸穿喉掌的肘下，右掌保持手心朝下；另一種為右撲面掌先外旋沉化對手左迎掌，然後內旋黏採其左掌，引帶至左掌仰伸穿喉掌的肘下，仍使右手心朝下。傅鍾文老師就是按後者傳授的。

採取的步法相同，將高探馬的丁虛步，屈右膝，虛送左腿前進，以跟步形式向對手進擊，落地後變成左弓步，穩準有勁。

【動作演練】

由單鞭。對手用右手擋化我左推掌，並往外撥開。我即將左掌外旋鬆腕使手心朝上迭住對手右腕往懷內採回，同時提回左腳，右膝稍屈坐實，急將右手由後而上，即由後先下再上，向下時外旋，過腰時內旋往上圓轉向前，向其面部用掌探去。這是螺旋纏絲勁的精妙體現，且左手採沉與右手探掌形成對拔發勁，同於高探馬。

對手必用左掌格化我右探掌，我隨後將探出的右掌下切對手左掌，回帶至我左肘下。右掌是先外旋後內旋，至手心朝下的螺旋纏絲勁，且右掌背貼於左肘下，形成三角支撐穿掌，同時虛送左腿前進成跟步形式左弓步，使左臂掌同步穿伸穩準有勁。

我穿掌向對手喉間衝去，對手左臂掌仍被執壓在我右掌下。（圖65）

①單鞭　　　　　②吊手下落

③高探馬　　　④蹲身出步　　　⑤高探馬穿掌

圖65　動作演示

【練拳誤區】

現今練拳往往忘記楊公澄甫「右手仍藏在左肘下」的教導，使右掌背脫離左肘懸空，實不應該。更不知我右掌須執壓對手左臂掌於我左肘下，左穿喉掌才能最有效地威懾敵人。

請參看楊公澄甫的拳照。

質疑三十二
十字腿

《太極拳體用全書》
第54頁——

「由前式（高探馬穿掌式），設敵人用右手牽住我之右手時，我即將右手抽開，至左手腋下，隨將左掌向敵胸部衝去，成十字手形。其時設有敵自身後右邊用右手橫打來，我急將身向右正面拗轉。

圖66　十字腿

左臂同時翻上屈回，與右臂上下相抱時，急將左右手向前後分開攔住敵手。同時急將右腿提起，用腳跟向敵右脅部蹬去。則敵必應腿躍出矣」。（圖66）

　　其中，「……左掌向敵胸部衝去，成十字手

形」。「其時設有敵自身後右邊用右手橫打來⋯⋯急將左右手向前後分開攔住敵手」。有人認為是多餘的，認為這前43字和後56字都是誤植的。

【解惑釋疑】

楊澄甫特別在《太極拳體用全書》「十字腿」一節中比《太極拳使用法》「十字腿單擺蓮（即十字腿）」一節文字中增寫了這一段話（43字），應不是誤植的，也不是多餘的，要認真體悟。如下述。

這牽涉到傳統楊式太極拳套路是怎麼從「高探馬穿掌」拳架演練成「十字腿」的過程，筆者原先和各地公園、拳館的拳師們一樣，都是由弓步穿掌狀態，兩掌內旋十字上合，左腿起立，右腳虛收，右轉向南；再提右腿擺轉向西，與兩掌東、西分劈的同時，向西蹬出右腿，左腿微屈穩穩站立，而成「十字蹬腿」。從未有人提出疑問。

後經多年習練、體驗、思考，感覺在技擊理法上有所不妥。因為當你弓步穿掌向東擊對手時，必然遇其化解受阻，前方對手猶在，怎麼可以立即兩掌上合，右轉向西去對付身後的對手呢？在未驅趕東向正面的對手遠離時，立即右轉向西是有悖常理之舉。所以，在「高探馬穿掌」和「十字腿」之

間，必須有一個向東驅對手遠離的技擊動作，然後右轉向西對付身後的對手，才是合理之舉。

再細讀楊澄甫祖師《太極拳體用全書》一書，發現確有詳細描述這一過渡定型拳照的一段精確記錄。根據楊公所說，「右手抽開，至左手腋下。隨將左掌向敵胸部衝去」，這就是「高探馬穿掌」和「十字腿」之間，應有的一個「左衝掌」驅敵遠離的技擊動作。據此演示拳照如下。（圖67）

圖67中「②左衝掌」照片是筆者演示的向東進擊驅敵遠離的技擊動作拳照，採取左掌內旋翻下側掌坐腕前衝發勁來演示「左衝掌」，這是螺旋纏絲左、右手對拔發勁的需要，也是楊公後一段所說：「左臂同時翻上屈回」的前奏曲回應所必需。

如果左掌原先就是仰掌前衝的話，就沒有翻上屈回的說法了。可見，楊公的文字描述是很精準的。

鑒於楊澄甫太極拳習練者在85式太極拳套路演練過程中，都漏掉了「高探馬穿掌」到

①高探馬穿掌

②左衝掌

③右拗轉十字腿

圖67　加過渡動作的十字腿

「十字腿」之間過渡動作的拳架態勢，筆者藉助楊公的語言文字還原出他要表達的過渡定型拳照的架勢，以補充《太極拳體用全書》成書之前未曾拍此動作拳照，供拳友參考。

還有人提出質疑，「楊澄甫本人沒有『左衝掌』這樣演練的拳照，連他的兒子，以及楊澄甫親自教授的徒弟們也沒有這樣演練的」。還有人說，為什麼這段文字只在《太極拳體用全書》中出現，其他版本均無。

筆者認為，因為1931年《太極拳使用法》中未對「高探馬穿掌」向東受前方對手化解阻擋後，作進一步技擊處理描述，即收左手穿掌，右轉身

向後朝西，去對付身後的另一對手，有悖拳理。楊澄甫祖師後來應是有所發覺，故而在1934年重寫《太極拳體用全書》時，就在「十字腿」一節中添加了過渡動作的內容。這裡「左臂同時翻上屈回」很重要，如果原來就是仰掌向上前穿的話，就沒有再翻上的理由了。必然是左掌內旋順化下沉變立掌，向對手中位胸部衝去，才有隨後的「左臂同時翻上屈回」敘述。這也表明這一節敘述前後呼應的完整和精準。

在確認《太極拳體用全書》「十字腿」一節內容為真實的前提下，我們來看一看「左衝掌」的演練過程。

部位：是中位胸部，不是上位喉部。

（向敵胸部衝去）

掌形：是豎立衝掌，不是上仰穿掌。

（左臂翻上屈回）

發勁：左立掌前衝，右切掌收腋下。

（前後對拔發勁）

又有人說「十字腿」第一段文字和上節「高探馬穿掌」似雷同，或者本應是上節文字之錯置或重疊。

請看「高探馬穿掌」描述為：右手探出後即收

回，手心朝下，左掌稍提起穿掌向敵喉部衝去，右手仍藏在左肘下。

再看「十字腿」第一段為：我即將右手抽開，至左手腋下，隨將左掌向敵胸部衝去，成十字手形。

顯然，兩節描述既不雷同，也不重疊，更不是錯置，攻擊部位、拳法均不相同。比照如下：

前者，打擊處是高位喉部，使用仰掌「穿喉掌」；

後者，打擊處是中位胸部，使用坐腕「左衝掌」。

前者，右手仍藏在左肘下，藉以支托「穿喉掌」；

後者，右手抽至左手腋下，助「左衝掌」對拔勁。

有人反對筆者按楊澄甫《太極拳體用全書》中「十字腿」文字揣摩演示成「左衝掌」，說是筆者自創的。那麼，若「高探馬穿掌」擊對手受阻後，立即左掌上舉向右轉身，顯然會被原對手擊打暴露的腰脅，太不合理。

反對者根據《太極拳使用法》（1931 年）「高探馬穿掌」之後，「十字腿」一節文字中沒有「左衝掌」的敘述，而斷定《太極拳體用全書》「十字

腿」一節中43個字是多餘的，過於武斷了。

　　《太極拳使用法》是1931年寫的，到1933年重寫《太極拳體用全書》時不能有所改動嗎？很可能楊公當時就發現姜容樵、吳公藻、許禹生拳師在高探馬穿掌之後有引入驅敵遠離動作，故而重寫《太極拳體用全書》時補入這一「左衝掌」的描述，只是未能當時補拍拳照而已。

　　為此，筆者查閱了前輩拳師姜容樵在《太極拳講義》一書中的文字和手繪拳架，發現在「高探馬」之後，確有類似「左衝掌」的一節「鵲雀蹬枝」一式，形如「左衝掌」架式，只是多加上了一個左蹬腳（第279～284頁）。（圖68）

圖68　鵲雀蹬枝（一）（二）

　　吳公藻在《太極拳講義》一書中「十字腿」轉
身前的一節（第131～132頁）有「撲面掌」，猶
如「左衝掌」的翻版，幾乎一致。這也證明「左衝
掌」的說法是符合楊澄甫師祖的原意的。請看吳公
藻在《太極拳講義》中的「撲面掌」和「十字腿」
拳照（第131～132頁）。（圖69）

圖69　左撲掌與左衝掌

　　許禹生在《太極拳勢圖解》（1921年版）第
45頁，也有類似「左衝掌」的特指文字描述，即
「（二）左掌內運下合，掌心向前吐力」，如圖70
所示。

　　從許禹生（許龍厚）所著《太極拳勢圖解》第

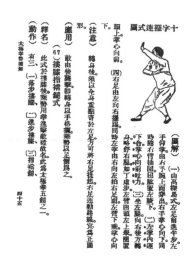

圖70　十字擺蓮圖示（許禹生）

45頁——「十字擺連式圖」所描寫的四個動作，與《太極拳體用全書》「十字腿」的動作對照也可證明楊澄甫確有「左衝掌」這一「驅敵遠離」動作。

　　「第一動（一）」：穿手，「由高探馬式，左足前進半步，左手仰掌，由右手腕上面穿出，右手心向下，同時隨右臂抽回，屈肱置左腋下」。這就是「高探馬穿掌」的定式動作。

　　「第二動（二）」：撲面掌，「左掌內運下合，掌心向前吐力」，就是楊澄甫《太極拳體用全書》「十字腿」一節述說的「左衝掌」驅敵遠離，即「左掌下沉坐腕立掌（左掌內運下合），向敵胸部

衝去（掌心向前吐力）」。

「第三動（三）」：轉身，「坐左腿，向右後方轉身，略舒右腿，如丁虛步，左臂由頭左上舉，圈置頭上，掌心向前」。就是「十字腿」左臂翻上屈回動作。

「第四動（四）」：擺踢，「右足由左向右擺踢。」這就是「十字腿」向右擺轉蹬腳的動作。

楊振基所著《楊澄甫式太極拳》（1993年版）第153頁「十字腿」一節也載有如下內容：

（1）對手用右手牽住我右手，我將右手抽開至左腋下，用左掌向對手胸部打（衝）去。

（2）對手從身後右邊用右手橫打來，我右轉身兩手合抱分開攔住對手的來手，提右腳向其右脅部蹬去。

可見其「左衝掌」的歷史。這是作為兒子的楊振基對其父親楊澄甫著作語言的歷史確認。這對於否認「43字真實合理性」的武斷說法，也是一段明確的旁證材料。

上述材料說明，「高探馬穿掌」之後應有向東驅對手遠離的動作（左衝掌），才可轉身向西應對身後的另一對手。（圖71）

①高探馬穿掌　　②弓步衝掌　　③仰掌上提回收

④右轉十字上架　　　⑤十字腿

圖71　動作演示

質疑三十三
進步指襠捶

圖72　進步指襠捶

《太極拳體用全書》第55頁——

「接十字腿式，如敵人往回撤手時，我即將右足落下，同時左足前進，屈膝坐實（成左弓步）。在此時設敵人再用右足自下踢來，我急用左手，將敵右足往左膝外摟開。左手隨即握拳向敵襠部指去，身微向前傾」。（圖72）

其中，左手寫錯（從拳照中看出），應為右手。

【解惑釋疑】

這種明顯的錯誤，顯然不是代筆者的水準問

題，只能是筆誤，或為排字習慣之錯，應不予針砭。

【動作演練】

接十字腿。對手被蹬退離時，我即回收右腿下落，屈左腿、蹲身下降，虛送右腿往右前方進步，先以腳跟著地，身體向右微轉，腳尖外撇落實；左腳提跟至右踝左後方，成跟步。同時，我右掌外旋變拳，沉降回收至右腰脅旁，與左掌外旋往右迴旋，內旋下切沉降坐腕於右膝前，形成進擊架勢，為蹲身跟步。

若此時對手再用右足自下踢來，我急用左手，將對手右足往左膝外摟開，同時虛進左足於左前方，屈膝坐實成左弓步；左臂掌坐腕，沉摟於左膝旁，右臂隨即內旋運拳向其襠部進擊，高與腹齊，身微折腰，前傾加壓。（圖73）

【練拳誤區】

現今練拳往往是捶擊的高度過高，甚至到腰；還有把平拳握成折腕上翹的怪像；更有蹬腳後直跌落步，既不回收蹬出的腿，又無支持腿蹲身下降，成了虛步送腿的貓行步。均不合度，應以楊公拳照為準。

①十字腿　　　②收手落右腳　　　③弓步進襠

④虛進左摟　　　　⑤進步指襠捶

圖73　演作演示

質疑三十四

上步七星

《太極拳體用全書》第56頁——

「由單鞭下勢，設敵人用右手自上劈下，我即將身向左前進，兩手變拳，同時集合交叉，作『七』字形，手心朝外掤住。向敵胸部用拳直擊亦可」。（圖74）

圖74 上步七星

其中，手心朝外錯了（從拳照可見），應是手心朝裡。

【解惑釋疑】

手心朝外確實錯了，可能是筆誤造成。這從楊澄甫上步七星的拳照可明顯看出，也可從《太極拳

使用法》第62頁——「上步七星用法」中「兩手同時集合交叉作『七』字形，手心朝裡掤住」，以及楊澄甫拳照作證。

【動作演練】

由單鞭下勢。設對手用拳、掌欺進，我即撐收右腿，重心前移至左腳，屈膝。我右腳跟先離地，向前經左踝內側提起，向前邁出半步，以前腳掌點地，成右虛步；上體漸漸左轉，兩手均外旋變拳，集合交叉作「七」字形，高至下頜，左拳在上，右拳在下。眼向前平視，眼神關及兩拳前掤。

繼而，我雙拳內旋，手心朝裡向前朝上掤架，將對手格住，拳眼45°斜上朝後。進而，可向對手胸部用拳直擊，眼觀對手；也可用虛腳右腿朝對手襠部踢去。化而順發，根於左腿和腰的蹲勁，以及快速的應對反應。（圖75）

【練拳誤區】

現今練拳往往兩拳交叉靠胸過近、過低、過遠、過高，均不合適。因對手右手自上劈下，若我合拳過近、過低，頭易受傷；若合拳過遠，則臂過於伸直，勁不足；若合拳過高，我胸腹暴露，易受

①單鞭　　　　　　　②下勢

③雙掌變拳上步　　④跟步送拳　　⑤上步七星

圖75　動作演示

攻擊。

　　有些拳友更是形成手心朝外的捅拳，很是彆扭，還有仰肘之嫌；更有練成佝背彎腰、眼朝下看的窘態。都不可取，應以楊公拳照為準。

質疑三十五

退步跨虎

《太極拳體用全書》第57頁——

「由上步七星式,設敵人用雙手按來,我即將兩腕黏在敵之兩腕裡。左手往左側下方捌開,右手往右側上方黏起,兩手心隨向外翻。右腳隨往後退一步,落下坐實。腰隨往下沉勁,左足隨之提起,腳尖點地,遂成跨虎形。使敵全身之力皆落空。此時則敵雖猛如虎,略一轉動,便受我制矣」。

其中,應該說「跨虎形」不同於「白鶴亮翅」的「丁虛步」,但「退步跨虎」拳照和「白鶴亮翅」完全相同,應是用錯了的。

【解惑釋疑】

的確如此,文字有別,拳照用錯,應是有歷史原因的。今取用董英傑的《太極拳釋義》中「退步跨虎」的拳照來代用展示(圖76)。

(二)虎跨步退

76
式

(二四三)

圖76　退步跨虎　　　圖77　白鶴亮翅

　　請觀察《太極拳體用全書》中，兩張「白鶴亮翅」和一張「退步跨虎」，共三張拳照，它們是完全相同的，即為如下同一張拳照（圖77）。

　　三取其二為準，表明「退步跨虎」拳照有誤。可能當時漏拍「退步跨虎」拳照，而錯用了「白鶴亮翅」拳照充數所致。

　　董英傑是《太極拳使用法》的代筆者，取董英傑《太極拳釋義》中拳照進行比對即可明鑒。（圖78）

　　傅鍾文老師在《楊式太極拳教法練法》（1989年11月）中第52頁圖30、第238頁圖474的正面圖的定式拳照也可確證，「白鶴亮翅」與「退步跨虎」

（一）虎跨步退

（二）虎跨步退

76式

76式

（二四二）

（二四二）

圖78　退步跨虎（一）

圖78　退步跨虎（二）

①白鶴亮翅

②退步跨虎

圖79　傅鍾文拳照

是不相同的兩個架式。（圖79）

【動作演練】

由上步七星。對方臂掌劈擊過於猛烈，我不堪蹲架，則利用右腳的右後撤步，重心後移至右腿，成右實左虛步，以作緩化，落下坐實右腿，左足隨即提起，腳尖點地，成跨虎勢。同時，我左拳變掌內旋隨沉捌護，右手急速後抽外翻回護，結成兩臂相挽，以化解敵人的進擊。

從而得以改變態勢，成為「我內敵外」的利我局勢，即我兩腕黏在敵人的兩腕裡擋，然後我兩臂掌內旋上下捌黏外展的對手的兩臂掌，成右上左下，使對手正面暴露，唯我是從。（圖80）

①上步七星　　②退步甩拳　　③兩拳變掌

④重心後移　　　⑤兩臂相挽　　　⑥退步跨虎

圖80　動作演示

【練拳誤區】

現今練拳往往把「退步跨虎」演練成「白鶴亮翅」。這可能與《太極拳體用全書》中的拳照有關。

質疑三十六

轉身擺蓮

《太極拳體用全書》第58頁——

「由退步跨虎，設又有敵人，自我身後用右手打來，前後應敵於萬急時，我即將右腳就原地，向右後方懸起左腳隨身旋轉，同時以兩手及左腿用旋風勢，以手腳向敵上下部刮去。復轉至原位時，緊將敵右肘腕黏住，隨繞敵之腕裡，往左用抒帶捌抽回，急用右腳背向敵胸脅部，用橫勁踢去。腳過似疾風擺盪蓮葉。所謂柔腰百折若無骨，撒去滿身都是手，此功之奧妙，非淺學者所可領略也」。（圖81）

圖81　轉身擺蓮

其中，將敵右肘腕黏住，似為左肘腕較合順。

【解惑釋疑】

首先，對手是用右手打來，後旋風掃刮回到原位，緊黏對手肘腕時，當然是右肘腕，儘管似有不順。

【動作演練】

由退步跨虎。設此時有對手自我身後來襲，我必須先驅離前方的對手，即用右掌前撲下沉對手左臂，我左掌外旋經腹、胸上行回收，從右前臂內旋向前迅即撲出，同時虛進左步成左弓步。對手必以右掌格擋，我繼而左掌下切對手的右護手掌，用右掌續撲其頭面部，前進跟步。這樣既能驅離前方對手，又能離避後襲的對手。

隨後，我速重轉裡扣左腳，外撇右腳，再使重心移至右腿，腰帶雙臂掌及左腿腳向右後掃打，向後襲的對手上下部刮去，迫使其退離。

而原已驅離的之前敵復回向我進擊，我即雙手擒拿敵右臂肘腕，朝西北方向虛送左腿牽敵側衝。我左腳落地即起右腳向左再轉右借腰帶動，用腳背旋擺擊打敵胸脅部。（圖82）

①退步跨虎　　②虛進左撲　　③右撲掌　　④右後旋掃

⑤跟進　　　　⑥落左腳　　　⑦轉身擺蓮

圖82　動作演示

實戰練法如下：

當前方對手正面暴露時，後方又有另一對手偷襲，可啟動左右掌輪換前撲，且兩腳向前跟進半步，以逼退前方對手，又避免受後方對手偷襲。隨後，以右腳掌為軸，起左腳，兩手隨腰身右後旋，成旋風腿，以手腳向對手上下部刮去，以退後方對手。

復轉至原位時，以對付原已逼退的前方對手再進右拳擊我，我速用雙手將對手右肘腕黏住，往左捋挒抽回，用右腳緣以橫勁踢向其胸脅部，使其無法退避。左足千萬要立實。

【練拳誤區】

現今練拳往往在擺踢右腿時，錯誤地面對正東或東南。正確的練法應是面朝向西北的側牽擺踢，應與楊公澄甫拳照相符。有些拳友更無前、後驅及避敵的攻防意識，這就不合拳理了。

質疑三十七

彎弓射虎

《太極拳體用全書》第59頁——

「由轉身擺蓮式，設敵人往回撤身時，我即將左右手隨敵之手黏去，復繞過敵之手腕間，向右側旋轉，握拳從左隅角擊去，左手同時沉在敵右肘部擊去，右腿隨往右落下坐實，右手輒向敵胸部擊去，

圖83　彎弓射虎

皆要蓄其勢，腰下沉勁，略如騎馬襠式，左腳變虛，如成射虎彎弓之勢也」。（圖83）

其中，「從左隅角擊去」有錯，應是「向左隅角擊去」。

【解惑釋疑】

握拳「從左隅角擊去」沒有錯。這是楊公對自己說的，就是「從楊公自己的左隅角擊向敵人」。左拳打擊點為對手的胸脅部；右拳打擊點為其頭面部。

【動作演練】

由轉身擺蓮。設對手沉肘收臂縮身後撤，我雙手隨其腕黏去，向右側旋轉，逐步握拳。我收右腿轉腰，左腿漸行下蹲，右腿沿上擺路線下落，右腿朝東虛進，落實成右弓步；同時，雙拳外旋隨腰右轉，由下而上至右弓腿處時，雙拳變內旋隨腰左轉繼續向上朝東北方向，左拳平直衝擊對手胸脅部，右拳屈上勾打其頭面部。

腰下沉為右弓騎馬襠式，膝不過腳尖。這是轉腰甩拳發勁，眼觀對手。（圖84）

彎弓射虎之勢特顯腰外旋和內旋之發勁的主宰作用，先外旋下沉，繼內旋提升，帶動雙拳環繞捶擊，終成右實左虛的騎馬襠式攻擊態勢。

【練拳誤區】

現今練拳往往雙拳的指向、高低有錯；更有人

練成膝出腳尖、人歪身斜的拙態。均為不妥，應以
楊公拳照為準。

①轉身擺蓮　　②原路下落　　③弓步變掌

④雙拳旋提　　⑤轉腰甩拳　　⑥彎弓射虎

圖84　動作演示

質疑三十八
合太極式

圖85　合太極式

《太極拳體用全書》第60頁——

「由如封似閉，變十字手，兩手分左右下垂，手心向下與起勢式同，是名合太極。此為一套拳終了之時，學者尤不可忽略。合太極者，合兩儀、四象、八卦、六十四卦，而仍歸於太極，即收其心意氣息，復全歸於丹田，凝神靜慮，知止有定，不可散失，以免貽笑大方也」。（圖85）

其中，「兩手分左右下垂，手心向下與起勢式同」，與拳友們練法均不相同，應「兩手下垂手指

向下」。

【解惑釋疑】

　　的確，這是楊公練拳的特點，即使沉掌、坐腕，仍能舒鬆肌腱、骨節，從楊公的拳照就能看出其精氣神之非同一般。這是拳友們長期修煉所要追求的楷模，應一絲不苟、不可移易地揣摩。

【動作演練】

　　由十字手。接對手下擊的臂掌，微沉即轉，兩掌內旋向前上托架伸展，隨即左右分開至肩寬，掌根下沉化其勢，可順推或按發使對手離退遠去。我雙掌坐腕下沉至兩腿前側，坐腕下垂兩掌舒鬆移至兩腿外側。鬆肩含胸，自然站立，呼吸自然，心靜目寧。合兩儀、四象、八卦、六十四卦，而仍歸於太極，即收其心意氣息，復全歸於丹田，凝神靜慮，知止有定，返璞歸真。（圖86）

【練拳誤區】

　　現今練拳往往過度下蹲，或反覆調整呼吸，實為誤導。因太極拳套路運行是動中寓靜，呼吸自然。合太極收勢時是平心靜氣，呼吸自然的。若非

要多次舒緩呼吸才能平靜下來的話，說明你在套路
運行中未能處於舒緩自然之態，必須予以改正。

　①十字手　　　　②內旋前展　　　　③內旋擺沉

　④坐腕擺沉　　　　⑤舒靜擺沉　　　　⑥合太極式

圖86　動作演示

質疑三十九

含胸拔背

　　李雅軒先生在《太極拳體用全書》的例言前眉批云：「老論中無含胸拔背之說，只有虛靈頂勁、氣沉丹田，亦無鬆肩垂肘之說。蓋氣沉丹田，一身鬆舒，含胸拔背、鬆肩墜肘自然有之。若單注意去作含胸拔背、鬆肩墜肘，恐與身心舒適有礙。學者不可不慎。尤不可專注意此十三點也。只須注意一身鬆舒，虛靈頂勁，氣沉丹田，則十三點自然有之，而且來得自然。否則必致勉強作出，與自然大有妨礙也。」並將《太極拳體用全書》的諸多「訛誤」，歸結為校訂者鄭曼青先生「學拳未久，不懂拳意，自己想造出來」。

【解惑釋疑】

　　眉批責難鄭曼青先生「學拳未久，不懂拳意，自己想造出來」。儘管鄭曼青拜楊澄甫為師，學拳未久，卻能謹慎從事，且鄭曼青先生於《太極拳體

用全書》中使用的「含胸拔背」，均從之前董英傑代筆的《太極拳使用法》中移植而來，並不是鄭曼青先生自己想造出來的。顯然，妄加責難是不符合實際的。

不信，且看董英傑代筆的1931年文光印務館出版楊澄甫老師《太極拳使用法》中的部分內容，如下：

1. 「太極拳起勢」（胸微內含，脊背拔起）。
2. 「攔雀尾按法」（沉肩墜肘，坐腕含胸）。
3. 「提手上式用法」（胸含、背拔、腰鬆）。
4. 「手揮琵琶式用法」（含胸、屈膝坐實）。
5. 「如封似閉用法」（同時含胸坐胯）。
6. 「肘底看捶用法」（胸含背拔）。
7. 「倒攆猴左式用法」（背拔、胸含）。
8. 「高探馬用法」（鬆腰、含胸）。
9. 「左轉身蹬腳用法」（含胸拔背、鬆腰）。
10. 「進步栽捶用法」（胸含，眼前看）。
11. 「雙風貫耳用法」（背拔、胸含）。
12. 「玉女穿梭頭一手左式用法」（胸含、背拔）。
13. 「上步七星用法」（拔背、含胸）。
14. 「退步跨虎用法」（拔背、含胸）。

　　上述14條都書寫著「含胸拔背」或「胸含、背拔」。可見鄭曼青先生代筆在1934年2月出版的楊澄甫老師《太極拳體用全書》中，移植使用「含胸拔背」，來源於董英傑代筆的1931年文光印務館出版楊澄甫老師《太極拳使用法》，是明確無誤的。也證實了「含胸拔背」不是鄭曼青先生自己想造出來的。

　　再看由楊澄甫口述、張鴻逵筆錄的《太極拳之練習談》中有：「二、身軀宜中正而不倚，脊樑與尾閭，宜垂直而不偏；但遇開合變化時，有含胸拔背，沉肩轉腰之活動。」

　　由楊澄甫口述、陳微明筆錄的《太極拳說十要》中有：「二、含胸拔背含胸者，胸略內涵，使氣沉於丹田也。拔背者，氣貼於背，能含胸則自能拔背，能拔背則能力由脊發，所向無敵也。」

　　這些都是楊澄甫口述真言，可見鄭曼青在《太極拳體用全書》中使用「含胸拔背」還是傳承了楊澄甫的真言行為。這也證實了絕不是鄭曼青先生自己想造出來的。

　　前輩武禹襄從楊露禪學拳十數年後，得王宗岳《太極拳論》，制定了太極拳身法八要：「涵胸、拔背、裹襠、護肫、提頂、吊襠、騰挪、閃戰」。

也就由「涵胸、拔背」，改作「含胸拔背」。

李亦畬老三本之《啟軒藏本》內附「虛實陰陽圖」，胸口凹陷如玉玨。直觀而又形象地解密了太極拳含胸拔背的要義，都可作為老論中有「含胸拔背」的證據。

筆者在此補充一點，即「含胸拔背」不但是太極拳的要點，而且是所有武術的要點。「含胸拔背」既能使動作敏捷，還能增強格鬥中抗擊打的功能。請看所有武術格鬥和西洋拳擊爭霸，無一例外都採取「含胸拔背」拳姿進行，就是明證。

一旦打開對手「含胸拔背」姿態，預示擊倒對手的時刻到來。

參考文獻

〔1〕 楊澄甫. 太極拳使用法〔M〕. //楊澄甫，等. 太極拳選編. 北京：中國書店，1984.（根據文光印務館1931年版影印）

〔2〕 楊澄甫. 太極拳體用全書〔M〕. 上海：上海書店，1986.（根據中華書局1948年再版本複印）

〔3〕 楊振基（演述），嚴翰秀（整理）. 楊澄甫式太極拳〔M〕. 北京：中國國際廣播出版社，2000.

〔4〕 顧留馨. 太極拳術〔M〕. 上海：上海教育出版社，1982.

〔5〕 董英傑. 太極拳釋義〔M〕. 上海：上海書店，1987.

〔6〕 傅鍾文（演述），周元龍（筆錄），顧留馨（審）. 楊式太極拳〔M〕. 北京：人民體育出版社，1994.

〔7〕 傅鍾文，傅聲遠. 楊式太極拳教法練法〔M〕. 上海：同濟大學出版社，1989.

〔8〕 吳志青. 太極正宗〔M〕. 上海：上海書店，1982.（根據大東書局1940年版複印）

〔9〕陳炎林. 太極拳刀劍杆散手合編〔M〕. 上海：上
海書店，1988.（根據國光書局1949年1月原版影
印）

〔10〕鄭曼青. 鄭子太極拳十三篇〔M〕. 香港：新聯出
版社，1978.

〔11〕王志遠. 楊式太極拳詮釋〔M〕. 北京：人民體育
出版社，2005.

〔12〕孫以昭. 楊式太極真功〔M〕. 北京：人民體育出
版社，2010.

〔13〕沈壽（點校考釋）. 太極拳譜〔M〕. 北京：人民體
育出版社，1991.

〔14〕趙斌，等. 楊氏太極拳真傳〔M〕. 北京：北京體
育大學出版社，2006.

〔15〕崔仲三. 楊式太極〔M〕. 第2版. 北京：北京體育
大學出版社，2009.

〔16〕李慶榮. 楊澄甫太極拳架過程演練解說〔M〕. 臺
北：逸文武術文化有限公司，2015.

〔17〕二水居士. 一多盧太極體悟錄〔M〕. 臺北：逸文
武術文化有限公司，2012.

〔18〕北京中醫學院. 中醫學基礎〔M〕. 上海：上海科
學技術出版社，1978.

大展好書　好書大展
品嘗好書　冠群可期

大展好書　好書大展
品嘗好書　冠群可期